Überwinde Durchschnittlichkeit

John L. Mason

ADULLAM

Originally published in English by
Insight International
P.O. Box 54996
Tulsa, Oklahoma 74155
USA
under the title:
Conquering an Enemy Called Average by John Mason

Adullam Verlag
St.-Ulrich-Platz 8
85630 Grasbrunn

ISBN 3-931484-21-1

Bestellungen an obenstehende Adresse richten.

1. Auflage, Februar 2002

Available in other languages from:
Access Sales International (ASI)
P.O. Box 700143
Tulsa, OK 74170-0143
USA
Fax 001 918 496 28822

Alle Bibelzitate wurden, wenn nicht anderweitig gekennzeichnet,
der Revidierten Elberfelder Bibel,
R. Brockhaus Verlag Wuppertal, Ausgabe 1992, entnommen.

Übersetzung: Raffaela Perez-Eisvogel
Umschlag: Anne Dittrich, Druckerei Mißbach
Satz und Umbruch: Adullam Verlag
Druck: Holzmann Druck, Bad Wörishofen
Lektorat: Stefanie Ecker M.A.

Inhalt

Widmung

Es freut mich sehr, dieses Buch meiner wundervollen Frau Linda und unseren vier großartigen Kindern zu widmen: Michelle, Greg, Mike und Dave.

Linda, danke für den Spaß und die Erfüllung, die du in mein Leben bringst.

Michelle, danke für die Liebe, die du dem „lieben alten Papa" entgegenbringst.

Greg, danke dafür, daß du ein großartiger junger Mann und mein Golfpartner bist.

Mike, danke für deine lustige Erfindungsgabe.

Dave, danke für dieses unglaublich ansteckende Lächeln.

Danksagung

Ich möchte gerne vier großartigen Freunden danken, deren Worte und Taten mich jedesmal auferbauen und positiv verändern.

Mike Loomis, dafür, daß du so ein derart ansteckender Glaubensträger und Gottes beste Gabe für mich bist;

Tim Redmond, für deine Unterscheidungsgabe und deinen Enthusiasmus für mein Leben;

Bill Scheer, für deine radikale Art, bedingungslos für Gott zu leben;

Tom Winters, für deinen beständigen Rat und deine außerordentliche Weisheit.

EINLEITUNG

Kürzlich sprach ich auf einer Konferenz über das Thema: „Wie man seine Bücher veröffentlicht." Die erste Frage, die man mir dort stellte, war: „Wußten Sie schon immer, das Sie einmal Schriftsteller werden würden?" Meine Antwort war: „Wenn mich während meiner Zeit am College jemand gebeten hätte, fünfzig Dinge aufzuschreiben, die ich in meinem Leben tun wollte, so wäre Bücherschreiben keines davon gewesen." Jedesmal, wenn ich ein Buch schreibe, bin ich aufs neue erstaunt darüber, wie Gott jemanden wie mich dazu benutzen kann.

Und das ist der Inhalt dieses Buches. Gott hat einen Plan für dein Leben, und seine Pläne sind gut. Einige dieser Pläne kennst du vielleicht schon, und andere vielleicht nicht. Mein Ziel beim Schreiben dieses Buches ist, jeden Bereich deines Lebens anzugehen, der dich davon abhält, all das zu werden, was du werden kannst.

Dieses Buch ist für mich ein ganz besonderes Buch, und ich glaube, das wird es auch für dich sein. Das Buch *Überwinde Durchschnittlichkeit* ist die Fortsetzung meines ersten Buches *Ein Feind, den man Durchschnitt nennt.* Obwohl ich zwischenzeitlich schon acht Bücher geschrieben habe, hat mein erstes Buch in meinem Herzen einen ganz besonderen Platz.

Erwarte, beim Lesen dieses Buches mehr herausgefordert zu werden, als jemals zuvor. Vertraue darauf, das Gott zu dir sprechen und deine Schritte lenken wird. Erwarte neue Ideen und neue Begeisterung für dein Leben. Glaube an fortdauernde und bleibende Veränderung.

Vielen Dank für das Privileg, in dein Leben investieren zu dürfen.

Schau in dich hinein

Kostbare Wahrheit Nr. 1

ERKENNE DEINE GRENZEN, DANN IGNORIERE SIE!

Das Leben ist zu kurz, um in kleinen Dimensionen zu denken. Folge lieber dem, wozu mein Pastor Joel Budd uns immer ermutigt: „Verlasse die Landkarte." Die meisten Menschen könnten mehr tun, als sie sich vorstellen, vollbringen aber meistens viel weniger. Du wirst nie herausfinden, was du nicht tun kannst, bis du es versucht hast. Ich stimme mit Oscar Wilde überein, wenn er sagt: „Mäßigung ist eine verhängnisvolle Sache, denn nichts ist so erfolgreich wie der Exzeß." Alles ist möglich – benutze niemals das Wort *nie*. Charles Schwab sagte: „Wenn sich jemand bei dem, was er tun wird, Grenzen setzt, hat er das, was er tun könnte, bereits in Schranken verwiesen."

Dr. J. A. Holmes sagte: „Sag einem jungen Menschen nie, das etwas nicht getan werden kann. Gott hat vielleicht schon Jahrhunderte auf jemanden gewartet, der keine Ahnung vom Unmöglichen hat, so daß er es in Angriff nimmt." Wenn *du* deine Träume abwertest, kannst du sicher sein, daß der Rest der Welt den Preis nicht anheben wird. Bei großen Persönlichkeiten wirst du feststellen, daß sie, gemessen am Standard anderer, selten „realistisch" sind.

Die Antwort auf deine Zukunft liegt außerhalb der Grenzen, in denen du dich momentan bewegst. Wenn du wirklich wissen willst, ob du schwimmen kannst, dann frustriere dich nicht selbst mit seichtem Wasser. Cavett Robert hat einmal gesagt: „Jeder Mensch, der sich für sein Leben ein Ziel wählt, das vollständig erreicht werden kann, hat sich bereits seine eigenen Grenzen gesetzt." Sei lieber das, was Art Sepulveda sagte: „Sei jemand, der Geschichte macht und die Welt verändert." Geh dorthin, wo du nie zuvor hingegangen bist.

Ronald McNair sagt: „Du kannst nur ein Gewinner werden, wenn du bereit bist, die Grenzen zu überschreiten." Randy Loeschers betrachtet es aus folgendem Blickwinkel: „Gott sagt: ‚Bitte mich um den

Berg.'" Die Bibel sagt: „Was bei Menschen unmöglich ist, ist möglich bei Gott" (Lk. 18, 27). Strecke dich nach dem scheinbar Unmöglichen aus.

Wenn du den höchsten Baum erkletterst, so sicherst du dir damit das Recht auf die besten Früchte. Dag Hammarskjold sagte: „Ist das Leben so erbärmlich? Ist es nicht vielmehr so, daß deine Hände zu klein sind oder deine Vision zu verschwommen ist? Du mußt erwachsen werden." Gloria Swanson sagte: „Sag niemals 'nie'. 'Nie' ist ein zu langer, unzuverlässiger Zeitraum, und das Leben ist zu voll von vielfältigen Möglichkeiten, um ihm Beschränkungen aufzuerlegen."

Eine Idee als unmöglich zu erachten heißt, sie unmöglich zu machen. Denke nur daran, wie viele wunderbare Projekte fehlgeschlagen sind, weil man in zu kleinen Dimensionen gedacht oder sie durch mangelnde Vorstellungskraft im Keim erstickt hat. Ich mag, was Marabeau sagte. Wenn er das Wort *unmöglich* hörte, antwortete er: „Laß mich dieses dumme Wort nie wieder hören."

Pearl Buck sagte: „Alle Dinge sind möglich, bevor sie sich als unmöglich herausstellen – auch das Unmögliche mag nur momentan unmöglich erscheinen." John Ruskin legte nahe: „Träume gewagte Träume – so wie du träumst, wirst du werden. Deine Vision ist die Verheißung dessen, was du schließlich sichtbar werden lassen wirst ..." Irgend jemand tut immer das, was ein anderer zuerst als undenkbar deklariert hat. Wage es, undenkbare Gedanken zu denken.

Entwickle ein unbegrenztes Vermögen, das zu ignorieren, was andere für unmachbar halten. Wachse nicht nur einfach dort, wo du gepflanzt worden bist. Blühe auch und bringe dort Frucht, wo du gepflanzt bist. Daniel Webster sagte: „Oben ist immer Platz." Niemand kann vorhersagen, in welche Höhen du dich emporschwingen wirst. Nicht einmal du wirst es wissen, bevor du deine Flügel ausbreitest.

KOSTBARE WAHRHEIT NR. 2

KEIN ERFOLGSGEHEIMNIS WIRD FUNKTIONIEREN, WENN DU ES NICHT UMSETZT.

Du kannst deine Bestimmung nicht auf einer theoretischen Grundlage erfüllen ... dazu bedarf es ARBEIT. Du bist zum Handeln geschaffen. Es ist für dich viel natürlicher, etwas zu tun, als einfach nur herumzusitzen. Für Erfolg nimmt man einfach gute Ideen und setzt sie um. Was das System der *freien Unternehmerschaft* wirklich bedeutet, ist, daß du um so *freier* bist, je *unternehmerischer* du handelst. Was dieses Land braucht, ist weniger Betonung auf *frei* und mehr Betonung auf *Unternehmerschaft*.

Höre auf Shakespeare: „Von nichts kommt nichts." Glaube ist wertlos, es sei denn, er wird in die Tat umgesetzt. Das Wort Arbeit ist nicht irgendein obskures biblisches Konzept. Es kommt in der Bibel über 500mal vor. Oft ist die einfache Antwort auf dein Gebet: Mache dich an die Arbeit.

„Nach Erfolg zu streben, ohne hart dafür zu arbeiten, ist wie der Versuch zu ernten, wo du nicht gesät hast" (David Bly). Was du glaubst, ist ziemlich egal, es sei denn, es spornt dich dazu an, aus der Tribüne zu klettern und auf das Spielfeld zu rennen. Du kannst dich nicht einfach in das hineinträumen, was du sein könntest. Ein Fauler hat ausschließlich dann Erfolg, wenn er nichts zu tun versucht. Eine bekannte alte Redensart drückt dies am besten aus: „Faulheit reist so langsam, daß sie bald von der Armut eingeholt wird."

Jemand, der enorm viel Zeit damit verbringt, über Erfolg zu sprechen, wird den „Preis" des Versagens gewinnen. Wenn du faul bist, mußt du zweimal arbeiten. Jemand, der immer versucht alles umsonst zu erhalten, hat es immer schwer. Gott macht keinen Apfelsaft – er macht Äpfel. Einige sagen, daß *nichts* unmöglich sei, und dennoch gibt es eine Menge Menschen, die jeden Tag *nichts* tun.

Einige tun Dinge, während andere herumsitzen und zu Spezialisten in bezug auf das werden, wie Dinge getan werden könnten. Die Welt besteht aus zwei Arten von Menschen: aus denjenigen, die Dinge tun, und denjenigen, die davon sprechen, Dinge zu tun. Gehöre zur ersten Gruppe die Konkurrenz ist dort viel geringer.

Ich glaube, daß der Herr uns Arbeit nicht als Bürde aufgeladen hat, sondern er hat uns gesegnet mit Arbeit. „Alle Menschen haben dieselben Möglichkeiten. Sie unterscheiden sich nur hinsichtlich ihrer Taten“ (Molière). Wunschdenken hat noch nie einen Armen reich gemacht. Robert Half trifft den Nagel auf den Kopf: „Faulheit ist die geheime Zutat beim Versagen, aber dieses Geheimnis ist nur dem verborgen, der versagt.“

Sage dir selbst: „Ideen brauchen keine lange Verlobungszeit, sie wollen lieber schnell mit der Tat verheiratet werden“ (Brendon Francis). Wenn die Wahrheit nur bekannt wäre, daß die meisten unserer Probleme davon herrühren, daß wir faulenzen, wenn wir arbeiten sollen, und sprechen, wenn wir zuhören sollen.

Es gibt jemanden auf der Welt, der niemals abgewiesen
wird, wo immer er auch zufällig vorbeikommen mag.
Man schüttelt ihm freudig die Hand
in der dichtbevölkerten Stadt
oder draußen, wo die Bauern ihr Heu machen.
Er wird mit Freude begrüßt in den Sandwüsten
und in den tiefsten Wäldern.
Wo er hinkommt, gibt es eine Hand,
die ihn willkommen heißt –
es ist der Mann, der die Lösung bingt.

Walt Whitman

KOSTBARE WAHRHEIT NR. 3

AUF DER STRASSENMITTE BEFINDEN SICH NUR BEGRENZUNGSSTREIFEN UND TOTE TIERE.

JAMES HIGHTOWER

„Meine Entscheidung lautet 'vielleicht', und zwar endgültig!" Kannst du dich darin erkennen? Entschlossen zu sein ist unabdingbar für ein erfolgreiches Leben. Wenn du keine Verpflichtungen eingehst, was fängst du dann mit deinem Leben an? Alles, was du erreichst, ob groß oder klein, beginnt mit einer Entscheidung.

Die Wahl und nicht der Zufall bestimmt dein Schicksal. Viel zu viele Menschen gehen durchs Leben, ohne zu wissen, was sie wollen, aber mit der sicheren Gewißheit, nicht zu haben, was sie wollen. Herbert Prochnow sagte: „Es gibt eine Zeit, in der wir uns fest dazu entschließen müssen, welchen Kurs wir verfolgen wollen, oder die unbarmherzige Strömung der Ereignisse wird die Entscheidung für uns treffen."

Zu viele Leute sind wie Schubkarren, Anhänger oder Kanus. Sie müssen geschoben, gezogen oder gepaddelt werden. Entweder bewegst du andere Menschen zu Entscheidungen, oder sie bewegen dich dazu. Entscheide dich jetzt dazu, dein Leben zu verbessern. Die Entscheidung liegt bei dir.

David Ambrose bemerkte: „Wenn du den Willen hast, zu gewinnen, hast du den halben Erfolg schon errungen; wenn nicht, hast du bereits halb versagt." Lou Holtz sagte: „Wenn du dich nicht jedesmal vollständig bei dem engagierst, was du gerade tust, dann beginnst du schon beim erstenmal, wenn das Boot leckt, nach einem möglichen Absprung Ausschau zu halten. Es ist schon schwierig, das Boot ans

Ufer zu bringen, wenn alle rudern, aber erst recht, wenn einer aufsteht und beginnt, seine Schwimmweste anzuziehen."

In dem Moment, in dem du dich vollständig für etwas verpflichtest, tut auch Gott das Seine. Dann ereignet sich auch alles Mögliche, was dir helfen wird, das andererseits niemals passiert wäre. Edgar Roberts sagte: „Jeder menschliche Geist ist eine große schlummernde Kraft, bis er von einem kühnen Wunsch und einer definitiven Entscheidung zum Handeln wachgeküßt wird." Kenneth Blanchard beobachtete: „Es gibt einen Unterschied zwischen Interesse und Hingabe. Wenn du daran interessiert bist, etwas zu tun, dann tust du es nur, wenn es dir paßt. Wenn du dich wirklich für etwas engagierst, dann gibst du dich mit keinen Ausreden zufrieden, sondern nur mit Ergebnissen." Mangel an Entschlossenheit hat schon mehr Versagen verursacht als Mangel an Intelligenz oder Fähigkeit.

Maurice Witzer sagte: „Man bekommt selten das, was man will, wenn man nicht im voraus weiß, was man will." Unentschlossenheit verschafft oft anderen einen Vorteil, weil sie vorher nachgedacht haben. Helen Keller sagte: „Die Wissenschaft mag ein Gegenmittel für die meisten Übel gefunden haben; aber sie hat kein Gegenmittel für das schlimmste von allen gefunden – die Gleichgültigkeit der Menschen." Josua ermuntert: „... dann erwählt euch heute, wem ihr dienen wollt" (Jos. 24, 15). Verschiebe nie eine Entscheidung, die du heute fällen sollst, auf morgen.

Bertrand Russel sagte: „Nichts ist so ermüdend wie Unentschlossenheit, und nichts verurteilt so sehr zum Scheitern." Joseph Newton stellte fest: „Nicht was wir haben, sondern was wir benützen; nicht was wir sehen, sondern wofür wir uns entscheiden – dies ist, was das menschliche Glück beeinträchtigt oder fördert." Denke daran, nicht auf der Straßenmitte zu laufen, weil das die schlechteste Möglichkeit ist, um vorwärtszukommen. Entscheide dich heute für deinen Traum.

KOSTBARE WAHRHEIT NR. 4

Du kannst nicht auf dem Erfolgsweg fahren, ohne die eine oder andere Reifenpanne zu erleben.

Paul Galvin hatte im Alter von 33 Jahren bereits zwei Geschäftspleiten hinter sich. Er wohnte der Versteigerung seiner eigenen Firma, die mit Akkus handelte, bei. Mit seinen letzten 750 Euro kaufte er den Teil zurück, der den Anodennetzanschluß herstellte, woraus sich Motorola entwickelte. Nachdem er sich in den 60er Jahren in den Ruhestand zurückgezogen hatte, sagte er: „Fürchte dich nicht vor Fehlern. Du wirst Versagen kennenlernen. Strecke dich weiterhin nach deinen Zielen aus." George Bernard Shaw sagte: „Es ist besser, ein ganzes Leben damit zu verbringen, Fehler zu machen, als ein ganzes Leben lang nichts zu tun." Zu erwarten, daß das Leben genau auf die eigenen Vorstellungen zugeschnitten verläuft, bedeutet, ein Leben lang frustriert zu sein. Wenn du Fehler machst, lerne einfach aus ihnen, aber verlange keine Zugabe.

David McNally sann nach: „Ein mit Fehlern übersätes Leben ist viel inhaltsreicher, interessanter und belebender als ein Leben, in dem niemals etwas riskiert oder sich für etwas eingesetzt worden ist." Was ist der Unterschied zwischen Siegernaturen und Durchschnittsmenschen? Tom Hopkins sagt: „Der einzige wirkliche Unterschied zwischen Siegern und Durchschnittsmenschen ist die Fähigkeit, mit Ablehnung und Versagen umzugehen." Hören wir einmal, was S.I. Hayakawa dazu zu sagen hat: „Beachte den Unterschied zwischen dem, was passiert, wenn ein Mann zu sich selbst sagt: ‚Ich habe dreimal versagt', und dem, wenn er sagt: ‚Ich bin ein Versager.'" Versagen ist eine Situation, nie eine Person.

Fehler sind oft die besten Lehrer. Die Bibel sagt in Prediger 7, 14: „Am Tag des Glücks sei guter Dinge! Und am Tag des Unglücks bedenke ..." Oswald Avery rät: „Hebe jedesmal etwas auf, wenn du fällst." Der Mann, der den Radiergummi erfand, konnte die menschliche Rasse recht gut einschätzen. Du wirst feststellen, daß Leute, die nie Fehler machen, auch nie etwas anderes machen. Es ist wahr: Du kannst aus deinen Fehlern Nutzen ziehen. Und deshalb bin ich überzeugt, daß ich eines Tages Millionär sein werde.

Versagen bedeutet nicht, hinzufallen, sondern nicht mehr aufzustehen. Sei wie Jona, der bewies, daß man einen guten Mann nicht unterkriegen kann. Vergiß nicht, daß Stolpern nicht gleichbedeutend ist mit Hinfallen. Ja Stolpern kann das Hinfallen sogar verhindern. Das Buch der Sprüche drückt es so aus: „Denn siebenmal fällt der Gerechte und steht doch wieder auf ..." (Spr. 24, 16). Herman Melville schrieb: „Wer nie bei etwas versagt hat, kann niemals hervorragend werden."

Wer niemals einen Fehler macht, empfängt nur Anordnungen und lebt sein Leben für jemanden, der Fehler macht. William Ward sagte: „Versagen bedeutet Verzögerung, aber nicht Niederlage. Versagen ist ein vorübergehender Umweg, keine Sackgasse." Der Erfinder Thomas Edison, an den man sich wegen seines Erfolgs und nicht wegen seines Versagens erinnert, stellte die Überlegung an: „Man erinnert sich bei Menschen nicht daran, daß sie einige Male versagt haben, sondern wie oft sie erfolgreich waren." Jeder falsche Schritt kann ein anderer Schritt nach vorne sein. David Burns sagte: „Bestehe auf deinem Recht, einige Fehler zu begehen. Wenn Menschen deine Unvollkommenheit nicht akzeptieren können, so ist das deren Problem."

Louis Boone sagte: „Fürchte dich nicht so sehr vor dem Versagen, daß du dich weigerst, neue Dinge zu versuchen. Die traurigste Zusammenfassung eines Lebens besteht aus drei Beschreibungen: Ich hätte tun können; ich hätte vielleicht tun können; und ich hätte tun sollen." Robert Schuller schrieb: „Betrachte, was dir geblieben ist und niemals das, was du verloren hast." Wenn du von Fehlern lernst, dann sind sie nützlich. Befleißige dich dieser Haltung, und du wirst dich niemals schämen, etwas zu versuchen. Entdecke die Diamanten in deinen Fehlern.

KOSTBARE WAHRHEIT NR. 5

NACHAHMUNG BEDEUTET BEGRENZUNG.

„Wenn Gott dich anders gewollt hätte, hätte Er dich anders erschaffen“ (Goethe). Wage es, der zu sein, der du bist. Entschließe dich dazu, du selbst zu sein. Ein kongolesisches Sprichwort behauptet: „Holz kann zehn Jahre im Wasser liegen, es wird niemals zu einem Krokodil.“ Die Bibel fragt: „Kann ein Schwarzer seine Haut ändern, ein Leopard seine Flecken?“ (Jer. 13, 23). Julius Hare rät: „Sei, wer du bist. Dies ist der erste Schritt, um besser zu werden, als du bist.“

„Meine Mutter sagte zu mir: ‚Wenn du ein Soldat wirst, dann wirst du ein General; wenn du ein Mönch wirst, dann wirst du am Ende Papst.‘ Statt dessen wurde ich Maler und zu Picasso“, sagte der große Maler. Niemals ist jemand durch Nachahmung groß geworden. Sei keine Kopie von etwas. Hinterlasse deinen eigenen Eindruck.

„Das merkwürdige Paradoxon liegt darin, daß ich in der Lage bin, mich zu ändern, wenn ich mich annehme, wie ich bin“ (Carl Rogers). Abgenutzte Pfade sind für erschöpfte Menschen. Friedrich Klopstock machte die Feststellung: „Derjenige, der keine eigene Meinung hat, sondern von der Meinung anderer abhängt, ist ein Sklave. Von dem Menschen, der du eigentlich sein solltest, nur zu träumen, bedeutet, daß du dich so, wie du bist, vergeudest.“ Niemand ist so unglücklich wie derjenige, der sein ganzes Leben danach verlangt, jemand anderer zu sein, als er wirklich ist.

Wer sich danach ausrichtet, es allen recht zu machen, reibt sich selbst auf. Alle Menschen sind ebenbürtig erschaffen und von ihrem Schöpfer mit dem mächtigen Drang ausgestattet worden, anders zu werden. Wenn du keinen Plan für dein eigenes Leben hast, wirst du Teil des Plans eines anderen werden. Du kannst nicht zwei Gesichter unter einem Hut tragen. Wünsche dir nie, jemand anderes zu sein, als du bist. „Es ist besser, dafür gehaßt zu werden, was du bist, als dafür geliebt zu werden, was du nicht bist“ (André Gide).

„All die unzufriedenen Menschen, die ich kenne, versuchen etwas zu sein, das sie nicht sind, oder etwas zu tun, das sie nicht können" (David Grayson). Wenn du es nicht wagst, du selbst zu sein, wirst du unter mangelndem Selbstvertrauen leiden und beständig nach Anerkennung streben. Du wirst dein Leben auf die Widerspiegelung deiner selbst in den Augen der anderen ausrichten.

„Der Mensch als einzelner ist interessanter als die Menschen in ihrer Gesamtheit. Es ist der Mensch, den Gott nach seinem Ebenbild schuf, nicht die Menschen an und für sich. Jeder einzelne ist wertvoller als alle zusammen" (André Gide). Alles Gute, das besteht, ist eine Frucht der Originalität" (John Mills). Es gibt nur ein Leben für jeden einzelnen von uns – das eigene. Wer in den Fußstapfen eines anderen wandelt, wird nie eigene Fußabdrücke hinterlassen. Doris Mortman beobachtete: „Bis du Frieden mit dir selbst schließt, wirst du nie mit dem zufrieden sein, was du hast." Die meisten unserer Herausforderungen im Leben rühren daher, daß wir uns selbst nicht kennen und unseren besten, wahren Tugenden keine Beachtung schenken.

Die meisten Menschen verbringen ihr gesamtes Leben als völlig Fremde ihrer selbst. Laß nicht zu, daß dies auch dir passiert. Die Bibel sagt in 1. Könige 14, 6: „Warum stellst du dich so fremd?" (*Schlachter*). Leo Buscaglia riet: „Das Einfachste der Welt ist, du selbst zu sein. Das Schwierigste ist, so zu sein, wie die anderen dich gerne hätten. Laß nicht zu, daß sie dich dazu drängen." Das Gegenteil von Mut ist nicht Angst, sondern Konformität. Das Anstrengendste und Frustrierendste im Lebens ist, ständig zu versuchen, jemand anderes zu sein.

KOSTBARE WAHRHEIT NR. 6

Sicherheit kommt zum Schluss!

Während vieler Jahre war „Sicherheit als erstes" das Motto der Menschheit – aber es war nie das Motto von führenden Persönlichkeiten. Eine führende Persönlichkeit muß der Gefahr ins Auge sehen. Sie muß Risiken eingehen, Verantwortung übernehmen, sowie die Hauptlast des Sturms aushalten" (Herbert Casson). Wenn du erfolgreich sein willst, mußt du entweder eine Chance haben oder eine ergreifen. Du kannst deinen Kopf nicht über Wasser halten, wenn du ihn nicht herausstreckst.

Ein Traum, der kein Risiko einschließt, ist es nicht wirklich wert, ein Traum genannt zu werden. Halifax sagte: „Der Mann, der nichts dem Zufall überläßt, wird nur sehr wenig schlecht machen, doch er wird auch sehr wenig machen." Wenn du nie Risiken auf dich nimmst, wirst du nie Großes vollbringen. Jeder stirbt eines Tages, aber nicht jeder hat wirklich gelebt.

C.S. Lewis sagte: „Der sicherste Weg zur Hölle erfolgt schrittweise – ein leichter Abhang, weich unter deinem Fuß, ohne plötzliche Wendungen, ohne Kilometersteine und ohne Wegweiser." Elizabeth Kenneth stellte die Überlegung an: „Es ist besser, für einen Tag ein Löwe zu sein als dein ganzes Leben lang ein Schaf." Wenn du nichts wagst, brauchst du auch nichts zu hoffen.

Wenn du nichts riskierst, riskierst du sogar noch mehr. John Newton schrieb: „Berechnung hat noch nie einen Helden hervorgebracht." Jeder hat die Gelegenheit, über sich hinauszuwachsen, aber einige glauben einfach nicht daran, Gelegenheiten zu ergreifen. Ich stimme mit Lois Platford überein, als sie sagte: „Du hast die ganze Ewigkeit Zeit dazu, vorsichtig zu sein, und dann bist du tot!" Zur Größe bestimmt zu sein erfordert, daß du Risiken auf dich nimmst und dich Hindernissen mutig entgegenstellst.

Du verfehlst immer 100 Prozent der Schüsse, die du nicht abfeuerst. Ich stimme mit Stemmons überein, als er sagte: „Wenn deine Chancen dünn gesät oder nicht vorhanden sind … dann ergreife die dünn gesäten." Morris West sagte: „Wenn du dein ganzes Leben drinnen verbringst und auf den Sturm wartest, wirst du nie den Sonnenschein genießen." Niemand erreicht die Spitze, ohne etwas zu wagen.

Höre auf Conrad Hilton: „Ich ermutige zu Kühnheit, da die Gefahren des hohen Alters und der Pensionspläne einen jungen Mann in Versuchung bringen, auf dem Gleis der Sicherheit zu fahren, statt seinen eigenen Regenbogen zu finden." Chuck Yeager bemerkte: „Du konzentrierst dich nicht auf das Risiko, du konzentrierst dich auf Ergebnisse. Kein Risiko ist zu groß, als daß es dich davon abhalten könnte, die erforderliche Aufgabe zu erledigen."

Ich versichere dir, daß jede erfolgreiche Person, der du begegnest, Risiken auf sich genommen und mutige Entscheidungen getroffen hat. Erfolg begünstigt die Mutigen. Die Welt ist ein Buch, in dem diejenigen, die keine Risiken auf sich nehmen, nur eine Seite lesen. David Mahoney sagte: „Weigere dich, dich den vielen Vorsichtigen anzuschließen, die spielen, um nicht zu verlieren. Spiele, um zu gewinnen."

Metastaisio stellte fest: „Jede vortreffliche Errungenschaft ist verbunden mit Risiko; wer sich vor letzterem fürchtet, darf nicht erwarten, ersteres zu erhalten." Höre auf Tommy Barnett: „Viele denken, daß sie wirklich im Glauben leben, solange es keine Risiken gibt, doch die Wahrheit ist, daß es um so mehr Risiken gibt, je länger man mit Gott geht." Wenn du dein ganzes Leben lang niemals Angst gehabt hast oder peinlich berührt, enttäuscht oder verletzt gewesen bist, dann hast du nie eine Chance ergriffen.

David Viscot schrieb: „Wenn dein Leben jemals besser werden soll, mußt du Risiken auf dich nehmen. Man kann einfach nicht wachsen, ohne Chancen zu ergreifen." Du hast eine Möglichkeit, dich selbst zu verbessern. Glaube daran, Chancen zu ergreifen.

KOSTBARE WAHRHEIT NR. 7

Tu mehr ...

Tu mehr, als nur zu existieren – lebe.

Tu mehr, als nur zu hören – höre zu.

Tu mehr, als nur zuzustimmen – trage mit bei.

Tu mehr, als nur zu sprechen – tausche dich aus.

Tu mehr, als nur zu wachsen – blühe.

Tu mehr, als nur auszugeben – investiere.

Tu mehr, als nur zu denken – sei kreativ.

Tu mehr, als nur zu arbeiten – zeichne dich aus.

Tu mehr, als nur zu teilen – gib.

Tu mehr, als nur zu entscheiden – unterscheide.

Tu mehr, als nur in Betracht zu ziehen – lege dich verbindlich fest.

Tu mehr, als nur zu vergeben – vergiß.

Tu mehr als nur zu helfen – diene.

Tu mehr, als nur nebeneinander zu leben – versöhne dich.

Tu mehr, als nur zu singen – bete an.

Tu mehr, als nur zu denken – plane.

Tu mehr, als nur zu träumen – pack es an.

Tu mehr, als nur zu sehen – nimm wahr.

Tu mehr, als nur zu lesen – wende es an.

Tu mehr, als nur zu empfangen – zeige dich erkenntlich.

Tu mehr, als nur zu wählen – lege Prioritäten fest.

Tu mehr, als nur zu wünschen – glaube.

Tu mehr, als nur Rat zu geben – hilf.

Tu mehr, als nur zu reden – teile dich mit.

Tu mehr, als nur zu ermuntern – inspiriere.

Tu mehr, als nur hinzuzufügen – vervielfache.

Tu mehr, als nur zu ändern – verbessere.

Tu mehr, als nur zu erreichen – strecke dich aus.

Tu mehr, als nur nachzusinnen – bete.

KOSTBARE WAHRHEIT NR. 8

FANGE DORT AN, WO DU DICH GERADE BEFINDEST.

Fange mit dem an, was du hast, nicht mit dem, was du nicht hast. Die Gelegenheit ist immer dort, wo du gerade bist, nie dort, wo du warst. Um irgendwohin zu gelangen, mußt du wo anfangen, oder du wirst nirgendwo hingelangen. Hamilton Mabie sagte: „Die Frage, die jeder für sich beantworten muß, lautet nicht, was man tun würde, wenn man den Vorteil der Mittel, der Zeit, des Einflusses und der Ausbildung hätte, sondern was man mit den Dingen tun wird, die man hat." Gott wird uns immer die Fähigkeit geben, das, was wir brauchen, aus dem hervorzubringen, was wir bereits haben.

Jeder neigt dazu, Dinge, die er nicht besitzt, zu hoch oder zu niedrig zu bewerten. Ed Howe sagte: „Die Menschen unterlassen es stets zu tun, was sie könnten, und versuchen ständig zu tun, was sie nicht können." Ich stimme Teddy Roosevelt zu, wenn er sagt: „Tu, was du kannst, mit dem, was du hast, dort, wo du bist." Der einzige Weg, etwas gründlich zu lernen, ist, es von Grund auf zu tun (ausgenommen beim Schwimmen). Um erfolgreich zu sein, tu, was du kannst.

Ken Keys junior sagte: „Dich darüber aufzuregen, was du nicht hast, bedeutet zu verschwenden, was du hast." Die Wahrheit ist, daß viele erfolgreich waren, weil sie nicht die Vorteile hatten, die andere haben. Menschen mit Unternehmungsgeist erreichen mehr als andere, weil sie vorangehen und anfangen, bevor sie bereit sind.

Epikur sagte: „Verschwende nicht, was du hast, indem du nach dem verlangst, was du nicht hast, sondern erinnere dich daran, daß das, was du jetzt hast, einmal unter den Dingen war, auf die du nur hoffen konntest." Henri Amiel machte die Feststellung: „Fast alles kommt von fast nichts."

Keine Verbesserung ist so gewiß, wie diejenige, die aus dem richtigen und zeitgemäßen Einsatz dessen, was du bereits hast, herrührt. Mike

Murdock sagte: „Was auch immer Gott dir bereits gegeben hat, wird all das hervorbringen, was Er dir versprochen hat." Jeder, der am Ziel angelangt ist, mußte dort anfangen, wo er war.

Die Wahrheit ist, daß du nicht weißt, wozu du in der Lage bist, bevor du es nicht versucht hast. Das Wichtigste beim Erreichen deines Traums ist, genau dort zu beginnen, wo du dich gerade befindest. Edward Hail sagte: „Ich kann nicht alles, aber ich kann immerhin etwas tun; und weil ich nicht alles kann, werde ich mich nicht weigern, das zu tun, was ich kann."

Nicht länger nach vorne oder zurück
blick ich in Hoffnung oder Furcht,
sondern nehme dankbar das Gute an, das ich finde –
es ist das Beste hier und jetzt.

John Greenleaf Whittier

KOSTBARE WAHRHEIT NR. 9

NOAH WARTETE NICHT AUF DIE ARCHE – ER BAUTE SIE.

Ergreife den Augenblick! „Wunder geschehen durch dich oder für dich jeden Tag" (Oral Roberts). Heute war einmal die Zukunft, von der du dir in der Vergangenheit soviel erwartet hast. Horatio Dresser sagte: „Das Ideale kommt nie. Heute ist ideal für den, der es dazu macht." Lebe für heute. Erlaube es nicht, daß dir das, was innerhalb deiner Reichweite liegt, nur deshalb entgeht, weil die Zukunft dich fasziniert oder die Vergangenheit dich entmutigt hat.

Das beste in diesem Moment zu tun ist die Vorraussetzung für den nächsten besten Moment. Wann sonst kannst du leben, wenn nicht jetzt? All die Blumen von morgen sind die Samen von heute. Seneca sagte: „Fang jetzt an zu leben ..." Ellen Metcalf bemerkte: „Es gibt viele Menschen, die zur rechten Zeit am rechten Ort sind, dies aber nicht wissen." Es ist in Ordnung, sich die Zeit zu nehmen, um zu planen, aber wenn die Zeit zum Handeln gekommen ist, hör auf zu denken und tu es!

Die Bibel sagt: „So lehre uns denn zählen unsere Tage, damit wir ein weises Herz erlangen!" (Ps. 90, 12). Marie Edgeworth sagte: „Es gibt keinen Moment wie den gegenwärtigen. Der Mensch, der seine Entscheidungen nicht ausführt, solange sie frisch sind, kann danach keine Hoffnung aus ihnen ziehen, denn sie werden sich im Sande verlaufen, verlorengehen und in der Hast und Eile der Welt sterben oder im Morast der Trägheit untergehen."

John Burroughs sagte: „Die Lektion, die das Leben wiederholt und beständig untermauert, ist foldende: Sieh unter deinem Fuß nach. Du bist immer näher dran, als du denkst. Die große Gelegenheit befindet sich dort, wo du bist. Verschmähe nicht deinen eigenen Platz und die gegenwärtige Stunde." Das Wichtigste in unserem Leben ist, was wir gerade in diesem Augenblick tun.

Erkenne den wahren Wert des Heute. Ich stimme mit Jonathan Swift überein, als er sagte: „Mögest du jeden Tag deines Lebens ausleben." Die Zukunft, nach der du dich sehnst und von der du träumst, beginnt heute. Ralph Waldo Emerson sagte: „Schreibe es dir ins Herz, daß jeder Tag der beste des Jahres ist."

Das Bedauern, das die meisten Menschen in ihrem Leben erfahren, rührt daher, daß sie es versäumen, zu handeln, wenn sie die Gelegenheit dazu haben. Albert Dunning sagte: „Alle haben große Gelegenheiten, aber viele wissen nicht, daß sie sie hatten. Die einzige Vorbereitung darauf, sie auch zu nutzen, besteht darin … darauf zu achten, was jeder neue Tag bringt." Befolge 2. Korinther 6, 2: „… Siehe, jetzt ist die wohlangenehme Zeit, siehe, jetzt ist der Tag des Heils!" Ich stimme Martial zu, als er sagte: „Morgen wirst du leben? Heute zu leben … ist bereits zu spät." Wayne Dyer bemerkte: „Das Jetzt ist alles, was wir haben. Alles, was je passiert ist, und alles, was dir je passieren wird, ist nur ein Gedanke." Das Heute gut gelebt, bereitet dich sowohl auf die Gelegenheiten als auch die Hindernisse des Morgen vor.

Nur wenige wissen, wann sie die Gelegenheit ergreifen müssen. Die meisten wissen nur, wann sie sich hinsetzen müssen. Viele verbringen viel zuviel Zeit damit, von der Zukunft zu träumen, und werden nie gewahr, daß ein kleines Stück davon jeden Tag ankommt. Ich stimme Ruth Schabacker zu, wenn sie sagt: „Jeder Tag kommt mit seinen eigenen Geschenken. Mach das Geschenkband auf."

KOSTBARE WAHRHEIT NR. 10

Du kommst nicht schneller an, nur weil du ein Doppelleben führst.

Charakter ist etwas, daß du entweder hast oder bist. Manche versuchen, etwas für sich selbst zu tun. Andere versuchen, etwas aus sich zu machen. Tryon Edwards sagte: „Gedanken führen zu Absichten; Absichten führen zu Handlungen; Handlungen formen Gewohnheiten; Gewohnheiten entscheiden über den Charakter; und der Charakter bestimmt unser Schicksal." Die Bibel erklärt in Sprüche 22, 1: „Ein guter Name ist vorzüglicher als großer Reichtum ..."

Charakter ist die wirkliche Grundlage jedes anhaltenden Erfolgs. Eine gute Frage, die du dir selbst stellen kannst, ist: „Was für eine Welt hätten wir, wenn jeder genau so wäre wie ich?" Du bist einfach nur ein Buch, das der Welt über seinen Autor erzählt. John Morely machte die Feststellung: „Kein Mensch kann über die Begrenzungen seines eigenen Charakters hinausklettern."

Schäme dich nie, das Richtige zu tun. Mark Aurel ermahnte: „Schätze niemals als deinen Vorteil, was dich einmal dazu zwingen wird, die Treue zu übertreten, die Achtung im Stich zu lassen ..." W. J. Dawson riet: „Du brauchst nicht einmal das Böse zu wählen, sondern einfach nur zu versäumen, das Gute zu wählen, und schnell treibst du dem Bösen entgegen. Du brauchst nicht zu sagen: ‚Ich will das Böse', du brauchst nur zu sagen: ‚Ich will nicht Gottes Wahl wahlen', und die Wahl des Bösen ist somit bereits festgelegt." So etwas wie ein *notwendiges Übel* gibt es nicht. Phillip Brooks sagte: „Ein Mann, der richtig lebt und rechtschaffen ist, hat mehr Macht, wenn er schweigt, als ein anderer, wenn er redet."

So mancher Ruf eines Menschen würde seinen Charakter nicht erkennen, wenn er ihn im Dunkeln träfe. Um deinen Charakter zu ändern, mußt du im Kontrollzentrum beginnen, deinem Herzen. Geistlicher Bankrott ist unvermeidlich, wenn ein Mensch nicht mehr in der Lage ist, seine Zinsen hinsichtlich seiner moralischen Verpflichtungen zu bezahlen.

Henry Ward Beecher sagte: „Kein Mensch kann sagen, ob er reich oder arm ist, indem er sich seine Kontoauszüge betrachtet. Es ist das Herz eines Menschen, das ihn reich macht. Er ist reich gemäß dem, was er ist, nicht gemäß dem, was er hat." Lebe so, daß deine Freunde dich verteidigen können, dies aber niemals tun müssen. Bedenke, was Woodrow Wilson sagte: „Wenn du darüber nachdenkst, was du für andere Menschen tun sollst, wird dein Charakter selbst dafür Sorge tragen." Ein vortrefflicher Charakter tut unbeobachtet das, was wir tun würden, wenn die ganze Welt zusehen würde.

Laß mich dir diese Frage stellen: Wäre der Junge, der du einmal warst, auf den Mann stolz, der du jetzt bist? Du bist dazu berufen, zu wachsen wie ein Baum, nicht wie ein Pilz. Es ist schwer, hoch hinauszukommen, wenn dein Charakter so tief liegt. Die kürzeste Predigt der Welt wird von einem Verkehrsschild gehalten: *nur geradeaus.*

KOSTBARE WAHRHEIT NR. 11

DAS NUTZLOSESTE, WAS JE ERFUNDEN WURDE, IST DIE AUSREDE.

Was Ausreden betrifft, so ist die Welt voller großer Erfinder. Manche verbringen ihr halbes Leben damit, zu erzählen, was sie tun werden, und die andere Hälfte damit, zu erklären, warum sie es schließlich nicht getan haben. Ein Alibi ist der Beweis dafür, daß du getan hast, was du nicht getan hast, damit andere denken, daß du nicht getan hast, was du getan hast.

Du kannst viele Male versagen und bist dennoch kein Versager, bis du damit beginnst, jemand anderen für dein Versagen verantwortlich zu machen. Unsere eigenen Fehler verfehlen ihren Auftrag, uns zu helfen, wenn wir andere Menschen für sie verantwortlich machen. Wenn du Ausreden benutzt, gibst du deine Fähigkeit auf, dich zu verändern.

Du behandelst andere dann richtig, wenn du sie nicht für Dinge verantwortlich machst, die eigentlich mit dir nicht in Ordnung sind. „Sorge dich nicht darum, wen du lobst, aber sei vorsichtig, wen du beschuldigst" (Edmond Gosse). Du kannst viele Male stürzen, aber du bist kein Versager, bis du sagst, daß ein anderer dich gestoßen hat.

Wenn du eine Ausrede finden kannst, benutze sie nicht. Die meisten Versager sind wahre Künstler darin, Ausreden zu finden. Es gibt immer viele Entschuldigungen, wenn du schwach genug bist, sie zu benutzen. Die Welt hat einfach nicht genug Krücken für all die lahmen Ausreden. Es ist immer einfacher, Ausreden zu finden, statt die Zeit für das, was wir nicht tun wollen.

Also finde einen Weg und keine Ausrede. Es gibt keine Entschuldigung für einen Menschen voller Ausreden. Einer, der einen Fehler begeht und dann eine Ausrede dafür findet, begeht gleich zwei Fehler.

Beachte diese Wahrheit: „Der Fuchs verdammt die Falle, nicht sich selbst“ (Blake). Paß auf, daß du nicht ebenso sprichst wie der alte Fuchs!

Beklage dich nie und gib nie Erklärungen ab. „Fehler zuzugeben klärt die Fronten und zeigt, daß du klüger geworden bist“ (Arthur Guiterman). Etwas richtig zu tun ist immer einfacher, als ein Alibi dafür zu finden, warum du es nicht getan hast. Der Teufel wartet begierig darauf, dir für jede Sünde eine Entschuldigung zu liefern. Die Zeit, die damit verschwendet wurde, Ausreden und Alibis zu erfinden, wäre besser investiert gewesen, wenn du sie damit verbracht hättest, zu beten, zu planen, vorzubereiten und für die Verwirklichung deiner Ziele im Leben zu arbeiten.

KOSTBARE WAHRHEIT NR. 12

HEUTE LIEST DU, MORGEN FÜHRST DU.

W. Fusselman

Hast du jemals bemerkt, daß Menschen, die du kennst, sich buchstäblich noch an demselben Platz befinden wie vor fünf Jahren? Sie haben immer noch dieselben Träume, dieselben Probleme, dieselben Entschuldigungen, dieselben Gelegenheiten und dieselbe Art zu denken. Ihr Leben steht still.

Viele Menschen stellen ihre Uhren wortwörtlich zu einem bestimmten Zeitpunkt ab und verharren den Rest ihres Lebens genau an diesem Punkt. Gottes Wille für uns ist es, zu wachsen, weiterhin zu lernen und uns zu verbessern. Der größte Raum in unserem Haus ist immer der zur Selbstverbesserung.

Ein berühmtes Sprichwort sagt: „Das, was du lernst, nachdem du alles weißt, ist von Bedeutung." Ich muß zugeben, daß ich in dieser Hinsicht etwas fanatisch bin. Ich hasse es, müßige Zeit zu verbringen – Zeit, in der ich nichts lerne. Die um mich herum wissen, daß ich immer etwas zum Lesen oder zum Schreiben für einen müßigen Moment, der sich ergeben könnte, parat haben muß. In der Tat versuche ich, von jedem zu lernen. Von dem einen kann ich lernen, was ich nicht tun soll, wohingegen ich von einem anderen lernen kann, was ich tun soll. Lerne aus den Fehlern anderer. Du kannst nie lange genug leben, um alle Fehler selbst zu begehen. Du kannst mehr von einem weisen Mann lernen, wenn er falschliegt, als von einem Narr, wenn er recht hat.

Goethe sagte: „Jeder will sein, niemand will wachsen." Ich stimme mit Van Crouch überein: „Du wirst nie deine Handlungen ändern, solange du nicht deine Einstellung änderst." Ein wichtiger Weg zum Wachstum ist, nie aufzuhören, Fragen zu stellen. Jemand, der Angst hat zu fragen, schämt sich dafür, zu lernen. Nur ein hungriger Verstand kann wachsen. Wir sollten alle wissen, vor was wir wegrennen, wohin wir laufen und warum.

Wir sollten so lernen, als ob wir für immer leben würden, und so leben, als ob wir morgen sterben müßten. Harvey Ullman sagte: „Jeder, der aufhört zu lernen, ist alt, egal ob dies mit zwanzig oder achtzig geschieht. Jeder, der fortfährt zu lernen, bleibt nicht nur jung, sondern gewinnt beständig an Wert ungeachtet seiner körperlichen Möglichkeiten." Timotheus unterwies: „Lerne eifrig, dich Gott als bewährt zu erweisen ..." (2. Tim. 2, 15; wörtlich übersetzt aus der *King James Version*). Es macht Spaß, beständig zu lernen. Lernen bringt Bestätigung in dein Leben.

Lerne von anderen. Lerne, in den Herausforderungen anderer die Übel zu sehen, die du vermeiden solltest. Erfahrung ist ein gegenwärtiger Besitz, der uns davon abhält, die Vergangenheit in der Zukunft zu wiederholen. Das Leben unterrichtet uns, indem es uns vor neue Probleme stellt, bevor wir die alten gelöst haben. Du glaubst, daß Bildung teuer oder schwierig ist? Höre, was Derek Bok dazu zu sagen hat: „Wenn du glaubst, daß Bildung teuer ist – versuche es einmal mit Ignoranz."

KOSTBARE WAHRHEIT NR. 13

DER STATUS QUO. (LATEINISCH FÜR: „DAS SCHLAMASSEL, IN DEM WIR STECKEN.“)

Veränderung – Ich hoffe, dieses Wort erschreckt dich nicht, sondern inspiriert dich vielmehr. Herbert Spencer sagte: „Lebendes unterscheidet sich von Totem durch die Vielzahl der Veränderungen, die beständig in ihm stattfinden.“ Veränderung ist das Zeichen des Lebens. Es ist unmöglich, ohne Veränderung zu wachsen. Wer seine Einstellung nicht ändern kann, vermag nichts zu verändern. Die Wahrheit ist, daß das Leben immer an irgendeinem Wendepunkt beginnt.

Menschen wollen Fortschritt, wenn sie ihn ohne Veränderung haben können. Das ist unmöglich! Du mußt dich verändern und erkennen, daß die Veränderung dein Weg nach vorne ist. Wer nicht seine Meinung ändert, berichtigt nie seine Fehler. Tatsache ist, daß der Weg zum Erfolg immer in Bau ist.

Die Formel für den Erfolg von gestern ist oft das Rezept für das Versagen von morgen. Beachte, was Thomas Watson, der Gründer der IBM Aktiengesellschaft sagte: „Es gibt einen Weltmarkt für ungefähr fünf Computer.“ Wo wäre IBM heute, wenn Watson sich nicht hätte verändern wollen?

Du kannst nicht das werden, wozu du berufen bist, wenn du bleibst, wie du bist. John Patterson sagte: „Nur Narren und tote Männer ändern ihre Meinung nicht. Narren wollen nicht. Tote Männer können nicht.“

Wenn du die Notwendigkeit für Veränderung nicht sehen willst, beachte dies: Wie viele Dinge hast du gesehen, die sich im letzten Jahr verändert haben? Wenn du dich selbst veränderst, werden sich auch die Gelegenheiten ändern. Dasselbe Denken, das dich dorthin gebracht hat, wo du jetzt bist, wird dich nicht notwendigerweise auch dorthin bringen, wo du hin möchtest. Sante Boeve erkannte diese Wahrheit: „Es gibt Menschen, deren Uhren auf einer bestimmten Uhrzeit stehenbleiben und die in diesem Alter verharren."

Fürchte Veränderung nicht, denn sie ist ein unveränderbares Gesetz des Fortschritts. Jemand, der Methoden von gestern in der heutigen Geschäftswelt anwendet, wird morgen nicht mehr im Geschäft sein. Ein Traditionalist ist einfach jemand, dessen Geist immer offen für neue Ideen ist, vorausgesetzt, es sind immer dieselben alten. „Es gibt Menschen, die nicht nur selbst danach streben, statisch zu bleiben, sondern auch versuchen, daß alle anderen in diesem Zustand verharren … ihre Position ist nahezu lächerlich hoffnungslos" (Odell Shepard).

Mignon McLaughlin sagte: „Die unglücklichsten Menschen sind diejenigen, die Veränderung fürchten." Wenn vorgefertigte Muster und Traditionen gebrochen werden, ergeben sich neue Gelegenheiten. Deine Fehler und Irrtümer zu verteidigen zeigt, daß du keine Absicht hast, sie aufzugeben. Aller Fortschritt ist denen zu verdanken, die sich nicht damit zufrieden gaben, alles so zu belassen, wie es war. Sie hatten keine Angst vor Veränderung. Veränderung ist nicht dein Feind – sie ist dein Freund.

KOSTBARE WAHRHEIT NR. 14

ÜBERTRIFF DICH SELBST.

„Die Aufgabe unseres Lebens ist nicht, andere zu übertreffen, sondern uns selbst – unsere eigenen Rekorde zu brechen, unser Gestern durch unser Heute zu übertreffen und unsere Arbeit mit mehr Kraft als je zuvor zu erledigen“ (Stewart Johnson). Wenn du wissen möchtest, wer für die meisten deiner Probleme verantwortlich ist, schau mal in den Spiegel. Wenn du demjenigen einen Tritt verpassen würdest, der für die meisten deiner Probleme verantwortlich ist, wärst du drei Wochen lang nicht in der Lage, dich hinzusetzen. Es ist an der Zeit, daß wir uns nicht länger selbst im Wege stehen.

Die meisten Stolpersteine, über die sich Menschen beschweren, befinden sich unter ihren eigenen Hüten. Ludwig XIV äußerte sich so: „Es gibt kaum etwas, das sich einem Mann entgegenstellen kann, der fähig ist, sich selbst zu beherrschen.“ Die Weisheit der Bibel rät: „Eine aufgebrochene Stadt ohne Mauer, so ist ein Mann ohne Selbstbeherrschung“ (Spr. 25, 28).

„Deine Zukunft hängt von vielen Dingen ab, aber in erster Linie von dir selbst“ (Frank Tyger). Du kannst Erfolg haben, wenn niemand sonst an dich glaubt, aber du hast nie Erfolg, wenn du nicht an dich selbst glaubst. Zig Ziglar bemerkt: „Dein Verstand wird anfangen, das zu vollbringen, wovon du dir in deinem Verstand ein Bild machst. Wenn du änderst, was du dir vorstellst, änderst du automatisch auch dein Verhalten.“ Was immer du beständig den Worten „Ich bin“ hinzufügst, das wirst du werden.

Ralph Waldo Emerson sagte: „Durch irgendwen, außer sich selbst, betrogen zu werden, ist für einen Menschen ... unmöglich ...“ Lerne, deine Gedanken zu kontrollieren, oder sie werden anfangen, über dich zu herrschen. Deine Vorstellungskraft bestimmt deine Offenheit für eine positive Richtung. Wie Norman Vincent Peale äußerte: „Errichte keine Hindernisse in deiner Vorstellungskraft. Erinnere dich selbst daran, daß Gott mit dir ist und daß Ihn nichts besiegen kann.“

„Unsere besten Freunde ebenso wie unsere schlimmsten Feinde sind die Gedanken, die wir über uns selbst denken“ (Dr. Frank Crane). Höre auf zu betrachten, wo du dich heute befindest, und fang an, das zu betrachten, was du sein kannst. Die Bibel proklamiert: „Denn wie er in seinem Herzen denkt, so ist er (Spr. 23, 7; *King James Version*). Sei vorsichtig mit deinen Gedanken. Sie können innerhalb kürzester Zeit zu Worten und Handlungen werden. Falsches Denken führt beinahe immer zu Kummer.

Niemand kann dich besiegen, es sei denn, du besiegst dich selbst. Dein Selbstbild bestimmt die Grenzen und Beschränkungen jeder deiner persönlichen Leistungen. Charles Colton sagte: „Wir sind mit Sicherheit Verlierer, wenn wir mit uns selbst hadern; das ist Bürgerkrieg.“ Wenn du selbst zweifelst, höre auf das, was Alexander Dumas sagte: „Jemand, der an sich selbst zweifelt, ist wie ein Mann, der sich freiwillig in den Reihen des Feindes meldet und Waffen gegen sich selbst trägt.“ Tim Redmond bemerkte: „Begehe keinen Hochverrat an deinem eigenen Leben und deiner Bestimmung.“

Deine Welt existiert in erster Linie in dir. Marriane Crawford sagte: „Jeder Mensch trägt die Welt in sich, in der er leben muß.“ Hast du Schwierigkeiten, von Gott zu hören? „Wenn Gott spricht, wird dein Verstand dein größter Feind sein“ (Bob Harrison). Du siehst dich in deinem Leben größeren Hindernissen gegenüber? James Allen antwortete: „Du bist das Hindernis, dem du entgegentreten mußt. Du bist der, der sich seinen Platz aussuchen muß.“ Erinnere dich stets daran, daß du dein eigener Arzt bist, wenn es darum geht, kalte Füße, einen heißen Kopf oder eine engstirnige Haltung zu kurieren.

KOSTBARE WAHRHEIT NR. 15

UM ALS ERSTER FERTIG ZU WERDEN, MUSST DU ZUERST FERTIG WERDEN.

Rick Mears

Willst du in deinem Leben etwas erreichen? Sei wie der Steinmetz. Jacob Riis sagt: „Sieh den Steinmetz an, wie er den Felsen abträgt; vielleicht schlägt er 100mal, ohne daß sich auch nur der kleinste Riß zeigt. Und doch wird beim 101sten Mal der Felsbrocken herausbrechen. Ich weiß, daß es nicht der letzte Schlag war, der dies vollbracht hat, sondern all die vorhergegangenen." Was immer du auch in deinem Leben erreichen willst, bedarf der Ausdauer.

Alle Dinge werden denen werden, die sie anstreben. Beharrlichkeit ist das Ergebnis eines starken Willens. Sturheit ist das Resultat eines starken „Ich will nicht". Montesquieu sagte: „Erfolg hängt oft von dem Wissen ab, wie lange man bis zum Erfolg brauchen wird." Das Geheimnis des Erfolgs: Enttäusche nie und gib nie auf. Oft hängt Erfolg einfach nur davon ab, noch eine Minute länger dranzubleiben."

Calvin Coolidge sagte: „'Dranzubleiben' hat und wird immer die Probleme der Menschheit lösen." In Jakobus 5, 11 heißt es: „Siehe, wir preisen die glückselig, die ausgeharrt haben." Du wirst feststellen, daß sich ausdauernde Menschen immer durch folgende Einstellung auszeichnen: Sie verlieren das Spiel nie, sondern es läuft ihnen nur die Zeit davon. Jeder geistliche Fortschritt ist wie eine sich entfaltende Pflanzenknospe. Zuerst hast du eine leise Vorstellung, dann Frieden, dann eine Überzeugung, ebenso wie die Pflanze Wurzeln, Knospe und Früchte aufweist. Compte de Buffon sagt: „Halte nie Gottes Verzögerungen für Gottes Verweigerungen. Halte durch; halte fest; halte aus. Geduld ist geniale Schöpferkraft."

Joel Hause sagte: „Du kannst sein, was immer du beschließt zu sein. Entschließe dich dazu, etwas in der Welt zu sein, und du wirst etwas sein. ‚Ich kann nicht' hat noch nie etwas vollbracht; ‚Ich werde es versuchen' hat schon oft Wunder zuwege gebracht." Herbert Caufman fügt hinzu: „Zwischenspurte zählen nicht. Im Endergebnis wird ein phantastischer Start keine Würdigung finden, wenn das Endergebnis zeigt, daß du weit ab vom Schuß bist." Behalte die Worte von Hamilton Holt in deinem Gedächtnis: „Nichts Lohnendes fällt leicht. Die halbe Anstrengung bringt keine halben Ergebnisse hervor. Sie bringt keine Ergebnisse hervor. Arbeit, beständige Arbeit und harte Arbeit, das ist der einzige Weg, um Ergebnisse hervorzubringen, die auch andauern."

Ausdauer setzt sich immer durch, wenn alles andere fehlschlägt. Offenbarung 2, 10 sagt: „Sei treu bis zum Tod!" Die Wahrheit ist, daß Ausdauer eine bittere Pflanze ist, die süße Früchte trägt. Joseph Ross sagte: „Es braucht Zeit, Erfolg zu haben, da Erfolg ausschließlich die natürliche Belohnung dafür ist, sich die Zeit genommen zu haben, alles so gut wie möglich zu machen." Prediger 7, 8 proklamiert: „Besser das Ende einer Sache als ihr Anfang, besser langmütig als hochmütig." Der Sieg gehört immer denen, die am längsten aushalten.

Ralph Waldo Emerson sagte: „Die große Mehrzahl aller Menschen ist ein Bündel von Anfängen." Ich stimme mit Charles Kettering überein, der sagte: „Mach einfach weiter, und du wirst wahrscheinlich auf etwas stoßen, wenn du es am wenigsten erwartest." Ein lebenswertes Leben läßt sich nicht finden, du mußt es lebenswert machen. Ausdauer ist die Eigenschaft, die dann am meisten gebraucht wird, wenn sie aufgebraucht ist. Oft ist *Genie* nur eine andere Weise, um *Ausdauer* zu buchstabieren.

KOSTBARE WAHRHEIT NR. 16

AUCH NOTLÜGEN HINTERLASSEN FLECKEN.

Es gibt keine Grenzen in bezug auf die Größe, die ein Mensch erreichen kann, wenn er stets ehrlich ist. Ehrlichkeit ist immer noch die umsichtigste Vorgehensweise. Wie dem auch sei, heutzutage gibt es weniger vertrauenswürdige Leute als früher. George Braque sagte: „Die Wahrheit existiert; nur die Unwahrheit muß erfunden werden." Cervantes sagte: „Die Wahrheit wird in der Falschheit aufsteigen wie Öl im Wasser."

Notlügen hinterlassen dunkle Flecken auf dem guten Ruf eines Menschen. Du kannst die Wahrheit nicht strecken, ohne deine Geschichte recht dünn aussehen zu lassen. Wenn du die Wahrheit dehnst, wird sie zurückschnellen. Wahrheit gewinnt jede Auseinandersetzung, wenn du lange genug bei ihr bleibst. Mag Wahrheit auch nicht beliebt sein, sie ist jedoch immer richtig. Nur weil niemand etwas Bestimmtes glauben will, bedeutet es noch lange nicht, daß es nicht wahr ist.

Zwei Halbwahrheiten ergeben nicht unbedingt eine ganze Wahrheit. Hüte dich auf jeden Fall vor Halbwahrheiten, denn du erwischst vielleicht die falsche Hälfte. Du wirst feststellen, daß Lügen keine Beine haben. Sie müssen durch andere Lügen unterstützt werden. Wahrheit ist etwas, für das es keinen bekannten Ersatz gibt. Es gibt keinen annehmbaren Ersatz für Ehrlichkeit. Es gibt keine gültige Entschuldigung für Unehrlichkeit.

Nichts schafft mehr Nöte wie die Notlüge. Mag eine Notlüge auch noch so unschuldig und weiß erscheinen, so endet sie doch oft als Horrorfilm in Farbe mit Überlänge. Es mag so aussehen, als ob eine Lüge sich der Gegenwart annimmt, doch ich möchte dich wissen lassen, daß sie keine Zukunft hat.

Der einzige Weg, um wirklich frei zu sein, ist eine wahrhaftige Person zu sein. Johannes 8, 32 erklärt: „... und ihr werdet die Wahrheit erkennen, und die Wahrheit wird euch frei machen." Die Wahrheit ist stark und wird sich durchsetzen.

Eine zwielichtige Person wird nie ein strahlendes Leben hervorbringen. Herbert Casson sagte: „Zeig mir einen Lügner, und ich werde dir einen Dieb zeigen." Einem Lügner wird man nicht glauben, selbst wenn er die Wahrheit sagt. George Bernard Shaw sagte: „Die Strafe des Lügners ist nicht im geringsten die, daß man ihm nicht glaubt, sondern daß er niemand anderem glauben kann."

Lügner haben keine wahren Freunde. „Wenn du lügst und dann die Wahrheit erzählst, wird die Wahrheit als Lüge erachtet werden" (Sumerisch). Ein ehrlicher Mensch ändert seine Vorstellungen, um sie der Wahrheit anzupassen, und ein unehrlicher Mensch ändert die Wahrheit, um sie seinen Vorstellungen anzupassen. Verschiedene Grade der Ehrlichkeit gibt es nicht.

Die Bibel sagt: „Gnade und Wahrheit werden dich nicht verlassen! Binde sie um deinen Hals, schreibe sie auf die Tafel deines Herzens" (Spr. 3, 3; *Schlachter*). M. Runbeck sagte: „Es gibt keine Macht auf dieser Welt, die größer ist als die Wahrheit." Ziehe in Betracht, was Pearl S. Buck sagte: „Wahrheit ist immer aufregend." Sprich sie also aus. Ohne sie ist das Leben langweilig.

KOSTBARE WAHRHEIT NR. 17

DIE WELT GEHÖRT DEN BEGEISTERTEN.

„Denke Begeisterung, sprich Begeisterung, handle mit Begeisterung, und du wirst zwangsläufig ein begeisterter Mensch werden. Das Leben wird eine neue Würze erhalten, größere Interessen und eine tiefere Bedeutung. Du kannst dich selbst in Langeweile und in Monotonie oder ins Unglücklichsein hineinsprechen, hineindenken und hineinhandeln. Durch denselben Prozeß kannst du Inspiration, Begeisterung und eine tiefe Quelle der Freude hervorbringen" (Norman Vincent Peale). Du kannst bei allem Erfolg haben, wofür du grenzenlose Begeisterung zeigst. Begeisterung bewegt die Welt.

Deine Begeisterung spiegelt deine Reserven wieder, deine noch ungenutzten Talente und vielleicht deine Zukunft. Der wirkliche Unterschied zwischen den einzelnen Menschen ist ihr unterschiedlicher Grad an Begeisterung. Winston Churchill sagte: „Erfolg geht von Versagen zu Versagen, ohne an Begeisterung zu verlieren." Du wirst ohne Freude und Begeisterung nie zu großen Wahrheiten und zu wahrer Größe aufsteigen. Die Bibel sagt in 2. Chronik 31, 21: „Und alles, was er anfing ... tat er von ganzem Herzen, und es gelang ihm" (*Luther*).

„Niemand hält seinen Enthusiasmus automatisch aufrecht" (Papyrus). Enthusiasmus muß mit neuen Handlungen, neuen Bestrebungen, neuen Anstrengungen und einer neuen Vision genährt werden. Es ist deine eigene Schuld, wenn dein Enthusiasmus aufgebraucht ist. Du hast es versäumt, ihn aufzubauen. Was ist Enthusiasmus? Henry Chester antwortet: „Enthusiasmus ist nicht mehr und nicht weniger als Glaube in Aktion." Helen Keller sagte: „Optimismus ist der Glaube, der zur Vollendung führt." Nichts kann ohne Hoffnung oder Vertrauen getan werden.

Es ist nicht unsere Stellung, sondern unsere Neigung, die uns glücklich macht. Erinnere dich daran, daß manche Menschen im Winter frieren; andere hingegen laufen Ski. Eine positive Einstellung bringt immer positive Ergebnisse hervor. Einstellung ist ein kleiner Umstand, der einen großen Unterschied macht. Depression, Schwermut, Pessimismus, Verzweiflung, Entmutigung und Angst bringen mehr Menschen um als alle Krankheiten zusammengenommen.

Du kannst nichts schaffen, wenn dein Herz schwerer ist als deine Last. „Wir benehmen uns so, als ob Komfort und Luxus die Hauptanforderungen des Lebens wären, wenn das einzige, was wir zu unserem Glück brauchen, eigentlich nur etwas ist, wofür wir Enthusiasmus entwickeln können" (Charles Kingsley). Manche Menschen zählen ihre Segnungen, andere denken, daß ihre Segnungen nicht zählen.

Es existiert eine direkte Verbindung zwischen unserer Leidenschaft und unserem Potential. Enthusiasmus zeigt Gott in uns. Du kannst das Licht der Welt sein, aber der Schalter muß eingeschaltet sein. Positiv zu sein ist unentbehrlich, wenn es ums Vollbringen und die Grundvoraussetzung für wahren Fortschritt geht.

Wenn du dein Leben mit einer pessimistischen Haltung lebst, wirst du dich während der ganzen Reise seekrank fühlen. Wer eine negative Einstellung hat, ist schon halb besiegt, bevor er überhaupt angefangen hat.

Ich stimme Winston Churchill zu, der sagte: „Ich bin ein Optimist. Es scheint nicht zuviel Sinn zu haben, irgend etwas anderes zu sein." Hast du jemals bemerkt, daß ungeachtet der vielen Sorgen, die ein Pessimist hat, immer noch Platz ist für eine neue Sorge? Erinnere dich an das chinesische Sprichwort: „Es ist einfacher, eine Kerze anzuzünden, als die Dunkelheit zu verfluchen." D. Energi sagte: „Entscheide dich mit deinem ganzen Leben. Entscheide mit ‚Ja'."

KOSTBARE WAHRHEIT NR. 18

WENN DU ZWEI HASEN JAGST, ENTKOMMEN DIR BEIDE.

Stelle dir selbst diese Frage: „Was ist wirklich mein Ziel?“ Delegiere, vereinfache oder eliminiere zweitrangige Prioritäten so bald wie möglich. Tu *mehr*, indem du *weniger* tust. James Liter sagte: „Ein Gedanke, den du umsetzt, ist besser als drei, die an der Startline verlorengehen.“

Es gibt zu viele Menschen in zu vielen Autos in zu großer Eile, die in zu viele Richtungen fahren, um aus nichtigen Gründen irgendwohin zu fahren. „Es bleibt sowenig Zeit für die Entdeckung all dessen, was wir über die Dinge wissen wollen, die uns wirklich interessieren. Wir dürfen sie nicht für Dinge verschwenden, die uns nur nebenbei interessieren oder an denen wir nur interessiert sind, weil andere Menschen uns gesagt haben, daß wir es sein sollen“ (Alec Waugh). Für den Menschen, der nicht zielgerichtet lebt, gibt es keinen Frieden.

Tim Redmond sagte: „Er versteht von allem ein bißchen etwas, aber von nichts sehr viel.“ Statt dessen sei wie der Apostel Paulus, der schrieb: „Eines aber tue ich: Ich ... strecke mich aber aus nach dem, was vorn ist, und jage auf das Ziel zu ...“ (Phil. 3, 13–14). Worauf du dein Herz richtest, wird bestimmen, wie du dein Leben verbringst. Carl Sandburg sagte: „Es gibt Menschen, die überall zur gleichen Zeit sein wollen und nirgends hingelangen.“

Wie kannst du bekommen, was du willst? William Locke antwortete: „Ich kann dir sagen, wie du bekommst, was du willst: Du mußt einfach etwas ins Visier nehmen und darauf losgehen und deinen Blick niemals zur rechten oder zur linken Seite noch nach oben oder unten abschweifen lassen; zurückzusehen hat verheerende Folgen.“ Jesus warnt: „Niemand kann zwei Herren dienen; denn entweder wird er den einen hassen und den anderen lieben, oder er wird einem anhängen und den anderen verachten" (Mt. 6, 24). Wenn du zwei Herren dienst, mußt du einen belügen.

George Bernard Shaw schrieb: „Gib einem Menschen Gesundheit und einen Kurs, nach dem er steuern kann, und er wird nie anhalten, um sich darüber zu sorgen ob er glücklich ist oder nicht." Wir wissen, daß Walt Disney erfolgreich war. Vielleicht findet sich der Schlüssel zu seinem Erfolg in seinem Bekenntnis: „Ich liebe Mickey Maus mehr als irgendeine Frau, die ich je gekannt habe." Nun, das ist Zielgerichtetheit!

Vic Braden sagte: „Verlierer haben unglaublich viel Abwechslung. Sieger dagegen sind stolz darauf, nur zu lernen, dieselben alten langweiligen Gewinner zu besiegen." Beachte, was George Robson sagte, nachdem er das Autorennen *Indianapolis 500* gewonnen hatte: „Alles, was ich tun mußte, war, immer links abzubiegen."

Ich glaube, daß man Glück nur dann finden kann, wenn man bereit ist, von ganzem Herzen wohin zu gehen, in eine Richtung, ohne Bedauern oder Vorbehalt. Tu, was du gerade tust, mit deiner ganzen Aufmerksamkeit. Je mehr du verkomplizierst, desto erfolgloser wirst du sein.

Mark Twain sagte: „Siehe, der Narr spricht: ‚Setz nicht alles auf eine Karte' – was mit anderen Worten heißt: ‚Verschwende dein Geld und deine Aufmerksamkeit.' Aber der weise Mann sagt: ‚Setz alles auf eine Karte – und gib auf die Karte acht.'" Der schnellste Weg, um vieles zu tun, ist eines nach dem anderen zu tun. Die einzigen, an die man sich erinnern wird, sind diejenigen, die etwas außerordentlich gut gemacht haben. Sei nicht wie der Mann, der sagte: „Ich bin zielgerichtet, richte mich nur auf etwas anderes aus."

KOSTBARE WAHRHEIT NR. 19

HAB DEN MUT ZU LEBEN, AUFGEBEN KANN JEDER.

„Die Welt wird dir immer die Gelegenheit bieten aufzugeben, aber nur die Welt würde das Aufgeben als eine Gelegenheit bezeichnen" (Clint Brown). In schwierigen Zeiten geben zu viele auf. Eines der wirksamsten Erfolgsprinzipien, das jemals gepredigt worden ist, lautet: *Gib niemals auf!*

Als Autor habe ich das Privileg, viele Bücher zu signieren. Ich schreibe gerne ermutigende Widmungen in jedes Buch, bevor ich mit meinem Namen signiere. Einer meiner häufigsten Ermunterungen ist: *Gib niemals auf!* Joel Budd machte die Bemerkung: „Das letzte Wort ist noch nicht gesprochen, außer *du* sagst es." Richard Nixon sann nach: „Ein Mensch ist nicht am Ende, wenn er besiegt ist. Er ist am Ende, wenn er aufgibt."

Nichts und niemand kann dich am Boden halten, es sei denn, du entscheidest dich dazu, nicht wieder aufzustehen. H. E. Jansen sagte: „Der Mann, der gewinnt, mag vielleicht mehrere Male ausgezählt worden sein, aber er hat den Schiedsrichter nicht gehört." Finde einen Weg, wie man etwas tut, und nicht einen Weg, wie man etwas nicht tut. Ein fauler Mensch wird immer danach beurteilt, was er nicht tut. Die Wahl, aufzugeben oder weiterzumachen, ist ein entscheidender Moment in deinem Leben. Du kannst die Uhr nicht zurückdrehen, aber du kannst sie wieder aufziehen.

Kürzlich hatte ich das Vorrecht, Peter Lowe zu treffen, den Gründer der sehr erfolgreichen *Success Seminars* [Erfolgsseminare]. Im Laufe unseres Gesprächs machte er die Anmerkung: „Das weitverbreitetste Charaktermerkmal, das ich bei allen Menschen gefunden habe, die erfolgreich sind, ist, daß sie die Versuchung aufzugeben besiegt haben." Einer der besten Wege, um dein Bestes unter Beweis zu stellen, ist aufzustehen, wenn du zu Boden geschlagen wurdest.

Zu viele Menschen hören schneller auf, als sie beginnen. Statt aufzuhören, folge diesem englischen Sprichwort: „Fall nicht hin, bevor du geschubst wirst." Margaret Thatcher verstand das Prinzip des Nicht-Aufgebens, als sie riet: „Es kann sein, daß du eine Schlacht mehrmals kämpfen mußt, bevor du sie gewinnst." David Zucker fügte hinzu: „Gib jetzt auf, und du wirst es niemals schaffen. Wenn du diesen Rat ignorierst, bist du schon auf dem halben Weg dorthin."

„Ich kann nicht!" ist die Schlußfolgerung der Narren. Höre auf Clare Booth Luce: „Es gibt keine hoffnungslosen Situationen, es gibt nur Menschen, die angesichts derselben hoffnungslos geworden sind." Admiral Chester Nimitz meinte: „Gott, gib mir den Mut, nicht aufzugeben, was ich als richtig erachte, selbst wenn ich denke, daß es hoffnungslos ist." Aufzugeben ist die größte aller Tragödien. Der berühmte Boxer, Archie Moore, stellte die Überlegung an: „Wenn ich von der Matte nicht aufstehe, werde ich den Kampf verlieren."

Die Wahl ist einfach. Du kannst entweder aufstehen und zählst, das heißt, du bedeutest etwas, oder liegenbleiben und ausgezählt werden. Eine Niederlage ereilt keinen, bis er sie zuläßt. Dein Erfolg wird an deiner Bereitschaft gemessen, es weiterhin zu versuchen.

KOSTBARE WAHRHEIT NR. 20

WER LACHT, LEBT LÄNGER.

R. FULGRAM

Es gibt ein Facelifting, das du selbst vornehmen kannst und das deine Erscheinung garantiert verbessert: ein Lächeln. Lächeln ist wie Windelwechseln bei einem Baby – es löst die Probleme nicht auf Dauer, aber es macht sie für einige Zeit erträglich. Kopf hoch! Der Zahnarzt ist der einzige, der den Kopf hängen lassen darf (um dir in den Mund zu sehen). Robert Frost sagte: „Fröhlichkeit entschädigt an Höhe, was an Länge fehlt." Abraham Lincoln sagte: „Die meisten Menschen sind genauso glücklich, wie sie es entschieden haben." Der schlimmste Tag, den du haben kannst, ist der Tag, an dem du nicht gelacht hast.

Der Optimist lacht, um zu vergessen. Der Pessimist vergißt zu lachen. Du kannst ebensogut manchmal über dich selbst lachen – jeder andere tut das ja auch. Die einzige Medizin, die nicht verschreibungspflichtig ist, nicht unangenehm schmeckt und kein Geld kostet, ist das Lachen.

Lächeln ist eine Verbiegung, die uns hilft, Dinge gerade zu sehen. Lächeln ist ein Boomerang, den du jemand anderem zuwirfst und der immer gut ankommt. Ein Lächeln legt weite Strecken zurück, aber du bist derjenige, der es auf die Reise schicken muß. Deine Welt wird freundlicher aussehen, wenn du sie hinter einem Lächeln betrachtest. Also lächle oft. Gönne deinem Stirnrunzeln Erholung.

Henry Ward Beecher sagte: „Jemand ohne Sinn für Humor ist wie ein Wagen ohne Federung – er wird von jedem Kieselstein auf der Straße erschüttert." Nimm dir die Worte Mosche Wadocks zu Herzen: „Ein Sinn für Humor kann helfen, das Unattraktive zu übersehen, das Unangenehme zu tolerieren, das Unerwartete zu bewältigen und durch das Unerträgliche hindurchzulächeln. Dein Tag verläuft in die Richtung der Biegung deiner Mundwinkel.

Ich glaube, daß immer dann, wenn ein Mensch lächelt, und noch mehr, wenn er lacht, er seinem Leben etwas hinzufügt. Janet Layne sagte: „Von allen Dingen, die du am Leib trägst, ist dein Gesichtausdruck das wichtigste." Sprüche 17, 22 lautet: „Ein fröhliches Herz bringt gute Besserung." Ein herzliches Lachen ist die beste Medizin, ob du nun krank bist oder nicht.

„Die Welt ist wie ein Spiegel; betrachte sie finster, und sie wird dich finster betrachten. Lächle und sie wird auch lächeln" (Herbert Samuel). Fröhlichkeit ist ansteckend, aber es scheint, als ob manche Menschen gegen diese Infektion geimpft seien. Wenn du ein Miesepeter bist, hast du das Problem, daß du dir jeden Monat neue Freunde suchen mußt. Jeder, der erwartet, Fröhlichkeit zu empfangen, muß Fröhlichkeit geben. Du hast nicht das Recht, sie zu verbrauchen, ohne sie selbst zu produzieren.

Die Räder des Fortschritts werden nicht von Griesgrämern angetrieben. Torn Walsh sagt: „Jede Minute, in der dein Mund nach unten zeigt, verlierst du sechzig Sekunden Glück." Paul Bourge schrieb: „Unglücklichsein weist auf falsches Denken hin, genauso wie ein schlechter Gesundheitszustand einen schlechten inneren Zustand anzeigt." Es ist fast unmöglich, nach außen hin zu lächeln, ohne sich innerlich besser zu fühlen. Wenn du über etwas lachen kannst, kannst du damit leben.

Es war nur ein heiteres Lächeln,
aber es vertrieb die Nacht.
Es zu geben, kostete so wenig,
und doch machte es den Tag lebenswert.

Schau voraus

KOSTBARE WAHRHEIT NR. 21

Eine goldene Regel ist nutzlos, wenn du nicht die Initiative ergreifst.

DR. FRANK CRANE

Etwas Wunderbares, das jemand für seinen himmlischen Vater tun kann, ist, zu seinen Kindern nett zu sein. Anderen zu dienen ist eines der wundervollsten Privilegien. Albert Schweitzer sagte: „Die einzigen unter euch, die wirklich glücklich sein werden, sind diejenigen, die fündig geworden sind, wie sie dienen können." Pierre de Chartin kommentierte: „Die befriedigendste Sache des Lebens ist, in der Lage gewesen zu sein, einen großen Teil seiner selbst an andere zu geben." Sprüche 14, 21 erklärt: „Seinen Nächsten verachten ist Sünde, aber wohl dem, der sich des Elenden erbarmt!" (*Schlachter*). Folge dem Rat von Carl Reilland: „In ungefähr demselben Maß, in dem du hilfreich bist, wirst du auch glücklich sein."

Jage den guten Seiten von Menschen nach. Erinnere dich daran, daß sie dasselbe in deinem Fall tun müssen. Und dann unternimm etwas, um ihnen zu helfen. Wenn du vorankommen willst, sei eine Brücke und keine Mauer. Liebe andere mehr, als sie es verdienen. Jeder Mensch bietet uns eine Gelegenheit zu dienen. Jeder braucht die Hilfe des anderen.

John Andrew Holmes sagte: „Die ganze Bevölkerung des Universums, mit einer unbedeutenden Ausnahme, setzt sich aus anderen zusammen." Zu oft erwarten wir von allen anderen, die goldene Regel anzuwenden. Die goldene Regel mag vielleicht alt sein, aber sie wurde noch nicht so arg viel benutzt, um Zeichen der Abnützung aufzuweisen. Wir begehen einen Fehler erster Klasse, wenn wir andere als Menschen zweiter Klasse behandeln.

Du kannst anderen nicht helfen, ohne dir selbst zu helfen. Freundlichkeit ist eines der Dinge, die am schwierigsten wegzugeben sind, da sie normalerweise wieder zu dir zurückkommt. Wer Samen der Freundlichkeit sät, genießt eine beständige Ernte. Ich stimme Henry Drummond zu, der sagt: „Ich frage mich, was wohl der Grund dafür ist, daß wir nicht freundlicher zueinander sind … wie sehr die Welt das bräuchte! Und wie einfach dies zu bewerkstelligen wäre!“

Möchtest du gerne besser mit anderen auskommen? Sei ein wenig freundlicher als notwendig. Ein guter Weg, die eigenen Probleme zu vergessen, ist, anderen aus ihren zu helfen. Wenn du teilst, verliert dein Leben nicht, sondern es gewinnt.

Theodore Spear sagte: „Du kannst nie zuviel von dir selbst erwarten, wenn es darum geht, dich selbst anderen zu geben.“ Je höher ein Bambus wächst, desto mehr muß er sich biegen. Martin Luther King junior sagte: „Jeder kann groß sein … denn jeder kann dienen.“ Wenn du in der Frucht des Geistes wandelst, können andere davon kosten. Harry Fosdick sagte: „Eines der erstaunlichsten Dinge, die jemals auf der Welt gesagt wurden, ist Jesu Aussage: ‚Der Größte unter euch, soll euer Diener sein.‘ Die Chancen stehen eins zu einer Milliarde, daß ein Jahrhundert später jemand als wirklich groß betrachtet wird, es sei denn, er war Diener aller.“

Wurde dir eine Freundlichkeit erwiesen?
Gib sie weiter!
Sie wurde nicht für dich allein gegeben,
deshalb gib sie weiter!
Laß sie durch die Jahre reisen,
Tränen anderer trocknen.
Bis die Tat im Himmel ankommt,
gib sie weiter!

Henry Burton

KOSTBARE WAHRHEIT NR. 22

EIN WAHRER FREUND IST DER KOSTBARSTE BESITZ.

Laß mich wissen, wer deine Freunde sind, und ich werde dir sagen, wer du bist. Je weniger du mit manchen Menschen verkehrst, desto mehr wird sich dein Leben verbessern. Wenn du mit Wölfen rennst, wirst du es lernen, wie ein Wolf zu heulen. Wenn du mit Adlern Umgang pflegst, wirst du lernen, in große Höhen aufzusteigen. Eine einfache, aber wahre Tatsache des Lebens ist, daß du wie diejenigen wirst, mit denen du einen intensiven Umgang pflegst – im positiven wie im negativen Sinn. Fast unser gesamter Kummer entspringt Beziehungen mit den falschen Menschen. „Halte dich fern von dem Sog, der von Menschen verursacht wird, die rückwärtstreiben“ (E. K. Piper).

Jedesmal wenn du in anderen Menschen Mittelmäßigkeit tolerierst, vermehrt dies deine Mittelmäßigkeit. Wir sollten beten: „Oh, Herr, erlöse mich von Menschen, die über nichts anderes sprechen als Krankheit und Versagen. Vielmehr schenke mir die Gesellschaft derer, die Erfolg denken und für ihn arbeiten.“ Ein wahres bulgarisches Sprichwort bestätigt: „Wenn du dich dabei ertappst, zwei Schritte vorwärts- und einen rückwärtszugehen, dann ist es unbestreitbar deshalb, weil du einen gemischten Umgang pflegst.“ Wenn ein Faulenzer kein Ärgernis für dich ist, dann ist dies ein Zeichen, daß du selbst ein wenig faul bist. Eine wichtige Eigenschaft erfolgreicher Menschen ist ihre Ungeduld mit negativ denkenden und negativ handelnden Menschen.

Ein wahrer Freund ist jemand, der da ist, um sich um dich zu kümmern. Man sagt, daß ein guter Freund wie eine Seele in zwei Körpern ist. Robert Lewis Stevenson sagte: „Ein Freund ist ein Geschenk, das du dir selbst machst.“

Du wirst feststellen, daß ein wahrhaft guter Freund auch dann ein Freund bleibt, wenn du es gar nicht verdienst, einen Freund zu haben. Dieser Freund wird dir beistehen, wenn die anderen denken, daß du schon erledigt seist. Sprüche 27, 6 drückt weise aus: „Ein Freund meint es gut, selbst wenn er dich verletzt; ein Feind aber schmeichelt dir mit übertrieben vielen Küssen" (*Hoffnung für alle*). Wähle deine Verbündeten gut aus. Dieses alte Sprichwort ist wahr: „Wer mit Hunden zu Bette geht, steht mit Flöhen wieder auf." Wenn du dich mit denen zusammentust, die lahm sind, wirst du lernen, zu hinken.

Werde niemals jemandes Freund, weil ihr in negativen Dingen übereinstimmt. Suche dir vielmehr Freunde, die mit dir in positiven Dingen übereinstimmen. „Mein bester Freund ist der, der, wenn er mir alles Gute wünscht, dies meinetwegen tut" (Aristoteles). Die Bibel erklärt: „Eisen wird durch Eisen geschärft, und ein Mann schärft das Angesicht seines nächsten" (Spr. 27, 17). Thomas Carlyle machte die Aussage: „Zeig mir, wen du verehrst, und ich weiß, welche Art von Mensch du bist; denn es zeigt mir, welches Idealbild du vom Menschen hast und welcher Mensch du gerne sein würdest."

Wenn du deine größten Vorteile, Reichtümer oder Stärken aufschreiben müßtest, würdest du herausfinden, daß Geld eines der am wenigsten wichtigen ist, wohingegen einer deiner größten Reichtümer die Menschen sind, die du kennst. Mein Freund Mike Murdock sagte: „Es gibt immer jemanden, der dich beobachtet und der in der Lage ist, dich immens zu segnen." Ich glaube, daß Gott Menschen gerne durch andere Menschen segnet. Er hat die richtige Gesellschaft für dich in deinem Leben. Ein wahrer Freund sieht weiter als du, wenn es darum geht, was du sein kannst.

Der richtige Weg, einen wahren Freund zu gewinnen, ist, selbst einer zu sein. Halte einen wahren Freund mit beiden Händen fest. Bedenke, was Francesco Guicciardini sagte: „Da es nichts gibt, was so erstrebenswert ist, wie Freunde zu haben, verpasse nie die Gelegenheit, richtige Freunde zu gewinnen."

WAHRHEIT NR. 23

Notzeiten haben ihre Vorteile.

„Zeiten allgemeinen Elends und allgemeiner Verwirrung haben große Denker immer produktiv gemacht. Das reinste Gold wird in den heißesten Hochöfen gewonnen, und der hellste Blitz ist der, der vom schwersten Sturm ausgelöst wird“ (Caleb Colton). Die Tür zur Gelegenheit schwingt auf den Scharnieren des Widerstands. Probleme sind der Preis des Fortschritts. Die Hindernisse des Lebens sind dazu da, daß wir bessere Menschen werden, nicht bitterere.

Hindernisse sind ausschließlich der Ruf dazu, unseren Vorsatz, lohnende Ziele zu erreichen, zu bekräftigen, nicht um sie aufzugeben. Bob Harrison sagt: „Zwischen dir und allem Bedeutsamen werden immer Riesen im Weg stehen.“ Oral Roberts zieht den Schluß: „Du kannst keine Erneuerung oder Veränderung ohne Konfrontation erwirken.“ Die Wahrheit ist, wenn du Dinge gerne ohne Anstrengung erreichen möchtest, wirst du Schwierigkeiten haben. Wenn du Probleme liebst, wirst du erfolgreich sein.

Wenn du einen Traum ohne erschwerende Umstände hast, hast du nicht wirklich einen Traum. Übernimm die Haltung von Louisa May Alcott: „Ich habe keine Angst vor Stürmen, denn sie lehren mich, mein Schiff zu steuern.“ Samuel Lover sagte: „Umstände sind Herrscher der Schwachen, aber sie sind Instrumente der Weisen.“ Die Chinesen haben ein Sprichwort, das folgendes sagt: „Edelsteine können nicht ohne Reibung poliert werden, und der Mensch nicht ohne Prüfungen.“ Es scheint, daß große Prüfungen die notwendige Vorbereitung für wahre Größe sind.

Roberts Liardon äußerte: „Für jedes Hindernis, daß sich dir in den Weg stellt, hält Gott eine Schriftstelle als Antwort bereit.“ Mike Murdock sagt: „Wenn Gott bei jedem Sturm eine Schutzmauer um dich errichten würde, würdest du niemals wachsen.“ Laß es statt dessen nicht zu, daß deine Probleme die Führung übernehmen. Das Problem, dem du dich gegenüber siehst, ist einfach nur eine Gelegenheit, dein Bestes zu geben. Es ist eine Tatsache, daß Konflikte gut sind, wenn du weißt, wie du dich mit Gott bewegen mußt.

Welche Einstellung müssen wir Schwierigkeiten gegenüber zeigen? William Boetcker sagte: „Die Schwierigkeiten und Kämpfe des Heute sind lediglich der beste Preis, den wir für die Vollendung und den Sieg von Morgen zahlen müssen." Lou Holtz riet: „Not ist eine andere Art, die Größe eines Menschen zu messen. Ich ging nie durch eine Krise, die mich nicht hätte stärker werden lassen."

Du wirst feststellen, daß du, wenn du dich Hindernissen gegenüber siehst, Dinge über dich selbst herausfindest, von denen du vorher nicht wirklich eine Ahnung hattest. Herausforderungen lassen dich wachsen – sie lassen dich über den Durchschnitt hinausragen. Martin Luther King junior sagte: „Man legt den Maßstab an einen Menschen am besten nicht dann an, wenn es ihm gut geht und er ein bequemes Leben führt, sondern wenn er sich in Zeiten der Herausforderung und des Widerstands befindet." Ein Hindernis zum eigenen Vorteil zu nutzen ist der erste notwendige Schritt zum Sieg.

Gott verspricht eine sanfte Landung, aber keine ruhige Reise. Das Leben ist so unsicher wie die Zielgenauigkeit eines Saftspritzers einer Grapefruit. Beachte, was Sydney Harris sagte: „Wenn ich jemanden höre, der sagt: ‚Das Leben ist hart', bin ich immer versucht, zu fragen: ‚Im Vergleich zu was?'" Wir können unseren Problemen ebensogut ins Auge sehen. Wir können ohnehin nicht weit oder schnell genug laufen, um ihnen allen zu entkommen. Vielmehr sollten wir die Einstellung von Stan Musial, dem legendären Baseballspieler haben. Als Kommentar auf die Frage, wie er einen bespuckten Ball handhaben würde, sagte er: „Ich schlage nur auf die trockene Seite des Balls." Charles Kettering sagte: „Niemand hätte den Ozean überquert, wenn er im Sturm aus dem Schiff hätte aussteigen können." Sieger haben zum Frühstück nicht Müsli, sondern Hindernisse.

KOSTBARE WAHRHEIT NR. 24

MISS DEINEN ERFOLG NICHT DARAN, WAS ANDERE TUN ODER NICHT TUN.

Vor einigen Jahren traf ich einen Freund, den ich seit über zehn Jahren kenne. Er sah mich an und sagte: „John, ich sehe all die großen Dinge, die Gott in deinem Leben getan hat und wie er dich dazu veranlaßt hat, in jeder Hinsicht zu wachsen. Aber als ich anfing, *dein* Leben zu betrachten, wurde ich voller Zweifel darüber, was Gott in *meinem* Leben tat.“ Er sagte: „Ich sah, was er in deinem Leben getan hatte, und begann, daran zu zweifeln, daß Gott wirklich in meinem Leben an der Arbeit war, weil ich nicht denselben Erfolg hatte wie du.“

Ich drehte mich um, sah ihn an und sagte: „Nun, wenn es wahr ist, daß du dich schlecht fühlst, weil Gott gut zu mir gewesen ist, wäre es dann nicht so, daß es dir besser gehen würde, wenn ich schreckliche Mißerfolge durchgemacht hätte und es mir während der letzten Jahre viel schlechter ergangen wäre?“ Er sah mich seltsam an und antwortete, „Nein, dem wäre nicht so.“

Ich sagte: „Nun, wenn das eine zutrifft, trifft auch das andere zu. Dies zeigt wirklich, wie falsch dein Denken ist. Was in meinem Leben passiert, hat nichts mit dem zu tun, was Gott in deinem Leben tut.“ Viel zu viele Menschen wissen, wie sie das Leben aller anderen leben können, aber nicht ihr eigenes.

Du wirst feststellen, daß Gott sehr selten Menschen benutzt, deren Hauptanliegen es ist, was die anderen denken. Ich glaube, daß Jesus das Richten über andere als beträchtliche Zeitverschwendung betrachtete. Ihm war klar, daß Verurteilung den Fortschritt aufhält. Andere zu richten wird dich immer beim Vorankommen hemmen.

Manche neigen dazu, ihre Leistung nach dem zu beurteilen, was andere nicht haben. Miß deinen Erfolg niemals daran, was andere tun oder nicht tun. Du bist entweder ein Thermometer oder ein Thermostat. Entweder mißt du die Temperatur eines anderen, oder du bestimmst das Klima. Pat Riley sagte: „Laß es nicht zu, daß andere Menschen dir sagen, was du willst." Niemand kann seine persönliche Bestimmung auf dem Glauben oder der Erfahrung eines anderen Menschen aufbauen. „Übernimm niemals die Erfolgsdefinition eines anderen" (Jaqueline Briskin).

Deine Fehler werden sich niemals in Luft auflösen, indem du die Aufmerksamkeit auf die Fehler der anderen lenkst. Viele Menschen haben die falsche Auffassung, daß sie sich selbst groß erscheinen lassen können, wenn sie deutlich machen, wie klein die anderen sind. Es ist nicht notwendig, das Licht anderer Menschen auszublasen, um das eigene Licht scheinen zu lassen. Statt ihr eigenes Licht scheinen zu lassen, verbringen manche Menschen ihre Zeit mit dem Versuch, das Licht anderer auszulöschen. Was für eine Verschwendung!

Wenn du denkst, daß du besser bist als der Durchschnittsmensch, dann bist du selbst einer. Warum würdest du dich selbst mit jemand Durchschnittlichem vergleichen wollen? Zu viele Menschen scheinen zu wissen, wie man das Leben der anderen lebt, ausgenommen ihr eigenes. Wir müssen aufhören, uns mit anderen zu vergleichen.

KOSTBARE WAHRHEIT NR. 25

Halte deine schlechte Laune in Zaun – keiner verlangt nach ihr.

Gerate nicht in Wut, es sei denn, du bist auf eine unsanfte Landung vorbereitet. Wut und Gefahr stehen ziemlich nahe beieinander. Menschen, denen immer die Sicherungen durchbrennen, stehen gewöhnlich im Dunklen. Wenn du deinen Kopf verlierst, wie kannst du ihn dann gebrauchen?

Ein philippinisches Sprichwort sagt: „Verschiebe die Wut von heute auf morgen." (Dann wende diese Regel am nächsten Tag wieder an und den Tag darauf auch usw.) Wenn du aufgebracht bist, nimm eine Unterrichtsstunde in moderner Wissenschaft: *Führe immer den Countdown durch, bevor du abhebst.* Seneca witzelte: „Die beste Heilung für Ärger ist Aufschub." Sprüche 16, 32 rät: „Ein Geduldiger ist besser als ein Starker und wer sich selbst beherrscht, besser als einer, der Städte gewinnt" (*Luther*). In die Luft zu gehen trägt immer zu Luftverschmutzung bei. Du wirst nie an die Spitze gelangen, wenn du immer explodierst.

Eine der schlechtesten Früchte des Ärgers ist die Rache. Keine Leidenschaft des menschlichen Herzens verspricht soviel und bezahlt sowenig wie die Rache. Die geringsten Gewinnchancen auf der Welt hat man, wenn man es jemanden heimzahlen will.

Bedenke, was die Bibel über Rache sagt: „Mein ist die Rache; ich will vergelten, spricht der Herr. Wenn nun deinen Feind hungert, so speise ihn; wenn ihn dürstet, so gib ihm zu trinken! Denn wenn du das tust, wirst du feurige Kohlen auf sein Haupt sammeln" (Röm. 12, 19–20). Francis Bacon fügt hinzu: „Wenn ein Mensch Rache nimmt, ist er seinen Feinden gleichwertig; wenn er die Angelegenheit jedoch ignoriert, ist er ihnen überlegen."

Die Zeit, die notwendig ist, um sich zu rächen, setzt man besser ein, indem man versucht, den anderen zu übertreffen. Rache ist, wie wenn man einen Hund beißt, weil er dich gebissen hat. Wenn du versuchst, es dem anderen heimzuzahlen, wirst du dich immer seltsam verhalten. „Rache ist ein Gericht, das kalt gegessen werden sollte" (altes englisches Sprichwort).

Marcus Antonius stellte die Überlegung an: „Bedenke, um wieviel mehr du oft aufgrund deines Zorns und deines Grams leidest als aufgrund dessen, worüber du verärgert und bekümmert bist." David Hume sagte: „Glücklich der, dessen Umstände zu seiner Laune passen; aber vorzüglicher ist es, wenn jemand seine Laune den Umständen entsprechend anpassen kann." Zorn ist ein Boomerang, der dich mit Sicherheit stärker trifft als jenen oder jenes, zu dem oder das du ihn wirfst.

KOSTBARE WAHRHEIT NR. 26

Wenn du Spuren im Leben hinterlässt, wirst du immer einige Leute anziehen, die sie verwischen wollen.

Um im Leben erfolgreich zu sein, mußt du die Entmutigungsversuche anderer überwinden. Wie du auf die Kritik anderer reagierst, ist eine der wichtigsten Entscheidungen, die du triffst.

Das erste und größte Gebot in bezug auf Kritik ist: *Laß sie dir keine Angst einjagen.* Charles Dodgson sagte: „Wenn du deine Handlungen in deinem Leben darauf beschränkst, daß keiner etwas auszusetzen hat, wirst du nicht viel tun." Nichts Bedeutendes ist je vollbracht worden, ohne umstritten zu sein oder kritisiert zu werden. Wenn du es erlaubst, daß die Worte anderer dich aufhalten, so werden sie es tun.

Christopher Morley sagte: „Die Wahrheit ist, ein Kritikübender ist wie das Signal an einem Bahnübergang, das laut und vergeblich ertönt, während der Zug vorbeifährt." Viele große Ideen sind verlorengegangen, da Menschen keine Kritik ertragen konnten und sie deshalb aufgaben. Ein Kritikübender ist einfach nur jemand, der ohne Durchsuchungsbefehl Fehler findet. Eines der einfachsten Dinge ist es, Fehler zu finden. „Die unbedeutendsten Menschen sind am begabtesten dabei, andere zu verhöhnen. Sie sind sicher vor Vergeltungsschlägen und haben keine Hoffnung, ihre eigene Selbstachtung zu steigern, außer indem sie die Leute um sich herum herabwürdigen" (William Hazlitt). Kritikübende erwarten nicht nur das Schlimmste, sondern machen das Schlimmste aus dem, was passiert.

Dennis Wholey warnte: „Zu erwarten, daß die Welt dich gerecht behandelt, nur weil du ein guter Mensch bist, ist nahezu so, wie von einem Stier zu erwarten, daß er dich nicht angreift, weil du Vegetarier bist." Ich stimme Fred Allen zu, der sagte: „Wenn Kritik wirklich Macht hätte, zu schaden, wäre das Stinktier heute schon ausgerottet." Halte dir dies vor Augen, wenn es um Kritikübende geht: Ein Mensch, der beständig tritt, hat selten ein Bein, auf dem er stehen kann. Große Denker erörtern Ideen, kluge Köpfe erörtern Ereignisse und Dummköpfe erörtern andere Menschen.

Die Bibel sagt, wir sollen vervielfältigen, aber Kritikliebende bevorzugen es, zu halbieren. Laß nicht zu, daß aus dir jemand wird, der ständig kritisiert. Jesus warnt: „Richtet nicht, damit ihr nicht gerichtet werdet!" (Mt. 7, 1). Du wirst immer aus einer Mücke einen Elefanten machen, wenn du andere Menschen mit Schmutz bewirfst. Kein Schmutz kann dich besudeln, außer wenn du auf andere wirfst. Der, der mit Schmutz wirft, hat nie saubere Hände.

Du kannst dir deinen Weg zum Erfolg nicht mit scharfen Bemerkungen ermeisseln. Du wirst nie nach oben steigen, wenn du beständig jemanden herabsetzt. Ich stimme mit Tillotson überein: „Ein Mensch kann seinen Wert nicht besser in Frage stellen als durch sein Bemühen, den Wert anderer Menschen zu schmälern." Henry Ford gab den Kommentar ab: „Menschen und Autos haben vieles gemeinsam. Manche laufen gut, wenn sie bergauf unterwegs sind; andere laufen nur dann ruhig, wenn sie den Abhang hinunterfahren. Wenn du es die ganze Zeit klopfen hörst, ist dies ein sicheres Zeichen, daß etwas unter der Haube kaputt ist."

Merke dir dies: Wenn du Angst vor Kritik hast, wirst du sterben, ohne etwas zustande gebracht zu haben. Wenn du einen Platz an der Sonne willst, dann erwarte Blasen vom Arbeiten und daß dir jemand Sand in die Augen. Kritik kommt einem Kompliment gleich, wenn du weißt, daß das, was du tust, richtig ist.

KOSTBARE WAHRHEIT NR. 27

Wenn Neid in einer Gestalt käme, wäre sie ein Boomerang.

Neid ist der lächerlichste aller Gedanken, denn man kann nicht einen einzigen Vorteil aus ihm ziehen. Ein bekanntes altes Sprichwort besagt: „Wenn du das, was du möchtest, mit dem vergleichst, was du hast, wirst du unglücklich sein. Statt dessen vergleiche das, was du hast, mit dem, was du verdienst, und du wirst Glück erfahren." Nicht der Versuch, mit den anderen gleichzuziehen, verursacht viele Probleme, sondern der Versuch, sie zu überbieten. Washington Allston überlegte: „Der einzige Wettbewerb, der eines weisen Menschen wert ist, findet in ihm selbst statt." Nichts wirft dich mehr zurück als der Versuch, mit denen Schritt zu halten, die bereits angekommen sind.

Wenn Neid eine Krankheit wäre, so wäre jeder krank. Francis Bacon sagte: „Neid macht keinen Urlaub. Er kennt keine Ruhe." Neid, der uns mit anderen vergleicht, ist Torheit. „Sie sind so unverständig, daß sie ihre eigenen Maßstäbe aufrichten und sich an sich selbst messen" (2. Kor. 10, 12; *Die Gute Nachricht*).

„Richtet nicht, damit ihr nicht gerichtet werdet" (Mt. 7, 1). Neid ist die subtilste Art, andere zu beurteilen. Richard Evans sagte: „Mögen wir es dem, was wir nicht haben oder nicht haben können, niemals erlauben, unsere Freude über das zu trüben, was wir haben oder haben können." Was uns mit unseren persönlichen Umständen unzufrieden sein läßt, ist der absurde Glaube, daß andere um so vieles glücklicher sind als wir selbst. Thomas Fuller sagte: „Vielmehr ist es der Vergleich, nicht die Realität, was Menschen glücklich oder unglücklich macht."

Helen Keller sagte: „Statt unser Schicksal mit denen zu vergleichen, die mehr vom Glück begünstigt zu sein scheinen als wir, sollten wir es mit dem Schicksal der großen Mehrheit unserer Mitmenschen vergleichen. Sodann scheint es nämlich, daß wir zu den Begünstigten gehören." Neid verzehrt nichts anderes als das eigene Herz. Er ist eine Art Bewunderung für die, die du am wenigsten loben willst.

Ein irisches Sprichwort sagt: „Du mußt selber wachsen; es tut nichts zur Sache, wie groß dein Großvater war." Du wirst sehen, daß es schwierig ist, glücklicher zu sein als andere, wenn du glaubst, daß andere glücklicher sind als du. Sorge dich darum, was andere Menschen über dich denken, und du wirst bald ihrer Meinung mehr vertrauen als deiner eigenen. Arm ist derjenige, dessen Freude von der Erlaubnis und Meinung anderer abhängt.

Johannes I. Chrysostomos überlegte: „Wie die Motte ein Kleidungsstück zerstört, so verzehrt Neid den Menschen." Neid beschafft den Schmutz, mit dem Versagen den Erfolg bewirft. Es gibt viele Wege zu einem erfolglosen Leben, aber der kürzeste von allen ist der Neid.

KOSTBARE WAHRHEIT NR. 28

BESITZE ...

Besitze ausreichend Frieden, der allen Verstand übersteigt.

Besitze ausreichend Hoffnung, um dein Herz nach vorne sehen zu lassen.

Besitze ausreichend Stärke, um Hindernisse zu bekämpfen und sie zu überwinden.

Besitze ausreichend Hingabe, um nicht zu schnell aufzugeben.

Besitze ausreichend Glauben, um Gott zu vertrauen.

Besitze ausreichend Freude, um jeden Bereich deines Lebens zu genießen.

Besitze ausreichend Geduld, damit der Glaube seine Arbeit in dir zu Ende führen kann.

Besitze ausreichend Liebe, um sie denen zu geben, die sie am wenigsten verdienen, aber am meisten brauchen.

Besitze ausreichend Zielgerichtetheit, um zu vielen guten Ideen „nein" zu sagen.

Besitze ausreichend Vergebung, um die Sonne über deinem Zorn niemals untergehen zu lassen.

Besitze ausreichend Ehrlichkeit, um dich niemals daran erinnern zu müssen, was du gesagt hast.

Besitze ausreichend Charakter, um das im Licht zu tun, was du im Dunkeln tun würdest.

Besitze ausreichend Dankbarkeit, um „danke" für die kleinen Dinge zu sagen.

Besitze ausreichend Zielbewußtsein, um zu wissen, *warum* und nicht nur *wie*.

Besitze ausreichend Ausdauer, um das ganze Rennen zu laufen, das vor dir liegt.

Besitze ausreichend Weisheit, um Gott zu fürchten und Ihm zu gehorchen.

Besitze ausreichend Verantwortung, um die zuverlässigste Person zu sein, die du kennst.

Besitze ausreichend Vertrauen, um zu wissen, daß du mit Gott in der Mehrheit bist.

Besitze ausreichend Freundlichkeit, um mit anderen zu teilen, was du hast und wer du bist.

Besitze ausreichend Erbarmen, um zu vergeben und zu vergessen.

Besitze ausreichend Hingabe, um tagtäglich das Richtige zu tun.

Besitze ausreichend Mut, um jeglichen Widerstand gegenüber dem, was du als richtig erkannt hast, zu konfrontieren und zu bekämpfen.

Besitze ausreichend Optimismus, um zu wissen, daß Gottes Pläne gesegnet sind.

Besitze ausreichend Vertrauen, um zu wissen, daß Gott deine Schritte lenken wird.

Besitze ausreichend Erwartungshaltung, um jeden Tag nach Wundern Ausschau zu halten.

Besitze ausreichend Enthusiasmus, um zu zeigen, daß Gott in dir ist.

Besitze ausreichend Gehorsam, um zu tun, was richtig ist, ohne zweimal nachdenken zu müssen.

Besitze ausreichend Orientierungssinn, um zu wissen, wann du gehen mußt und wohin.

Besitze ausreichend Wissen, um deinen Verstand beständig zu erneuern.

Besitze ausreichend Glaubwürdigkeit, so daß andere mit dir zusammenarbeiten wollen.

Besitze ausreichend Großzügigkeit, um zu geben, bevor man dich darum bittet.

Besitze ausreichend Barmherzigkeit, um von den Nöten anderer bewegt zu werden.

Besitze ausreichend Loyalität, um dich anderen gegenüber festzulegen.

Besitze ausreichend Abhängigkeit, um zu wissen, daß du Gott brauchst.

KOSTBARE WAHRHEIT NR. 29

Sogar Briefmarken verlieren ihren Wert, wenn sie aneinanderkleben.

Wenn du nur auf dich achtest, gib acht! Wesley Huber sagte: „Es gibt nichts derart Totes wie einen ichbezogenen Menschen – einen Menschen, der sich selbst in seinem selbstgemachten Erfolg emporhebt, sich an sich selbst mißt und mit dem Ergebnis zufrieden ist." Ist dein Lieblingswort *ich*? Hör zu, das Hauptmerkmal der Sünde ist „ich", ganz egal, wie du es buchstabierst" (Ed Cole). Der einzige Grund, warum Stolz dich emporhebt, ist der, damit er dich anschließend fallen lassen kann.

Norman Vincent Peale beobachtete: „Der Mann, der für sich selbst lebt, ist ein Versager. Selbst wenn er viel Reichtum, Macht oder eine gesellschaftlich angesehene Position erwirbt, ist er immer noch ein Versager." Einbildung macht uns zu Narren: „Siehst du einen Mann, der in seinen Augen weise ist, – für einen Toren gibt es mehr Hoffnung als für ihn" (Spr. 26, 12). Jemand, der an nichts anderes glaubt als an sich selbst, lebt in einer sehr kleinen Welt. Der beste Weg zum Glück ist der, sich selbst zu vergessen und sich auf andere Menschen zu konzentrieren. Henry Courtney sagte: „Je aufgeblasener eines Menschen Kopf ist, desto einfacher ist es, seinen Platz zu übernehmen." Ein von Stolz aufgeblasener Kopf beweist immer, daß es dort eine Menge Raum für Verbesserung gibt."

„Die größten Vergrößerungsgläser der Welt sind die Augen eines Menschen, wenn er sich selbst betrachtet" (Alexander Pope). Übertriebenes Geltungsbedürfnis ist die einzige Krankheit, bei der sich der Patient wohl fühlt, während er dafür sorgt, daß sich alle anderen um ihn herum krank fühlen.

Egoismus blüht, trägt aber keine Früchte. Wer sein eigenes Lob singt, erhält selten Rufe um Zugabe. Charles Elliot betont: „Halte nicht zuviel von dir selbst. Versuche die Gewohnheit zu kultivieren, an andere zu denken; dies wird dich entlohnen. Ichbezogenheit rächt sich immer selbst.“

Während Arrogante ihren Blick auf eigennützige Leistungen richten, verfehlen sie oft Gott, weil sie nicht sehen, was Er tut. Rick Renner sagte: „Verpasse den Plan Gottes nicht, indem du dich selbst verzehrst.“

Wenn du auf einem hohen Roß sitzt, ist das beste, was du tun kannst, schnell herunterzusteigen. Du kannst dich selbst nicht vorwärtsbringen, indem du dir selbst auf den Rücken klopfst. Burton Hillis machte die Bemerkung: „Es ist gut, wenn wir an uns selbst glauben, aber wir dürfen uns nicht zu einfach überzeugen lassen.“ Ein Egoist ist immer sich selbst der beste Freund. Wer über beide Ohren in sich selbst verliebt ist, sollte sich von sich scheiden lassen.

Menschen, die damit angeben, es allein aus eigener Kraft geschafft zu haben, sind fehlgebildet. Ein „Selfmademan“ ist ganz leicht zu erkennen: Sein Kopf ist übergroß, und seine Arme sind so lang, daß er sich selbst auf den Rücken klopfen kann. Ein Eingebildeter bringt es zu nichts, weil er denkt, er sei schon am Ziel. Ändere dein Lieblingswort von *ich* zu *du*.

KOSTBARE WAHRHEIT NR. 30

DIE SCHWERSTE LAST EINES MENSCHEN IST DER GROLL.

Vergebung ist der Schlüssel zum persönlichen Frieden. Vergebung setzt Handlung frei und schafft Freiheit. Wir müssen alle das Richtige tun, nachdem wir das Falsche getan haben. Lawrence Sterne sagte: „Nur der Tapfere weiß zu vergeben ... ein Feigling vergibt nicht; es liegt nicht in seiner Natur." Josiah Bailey fügt hinzu: „Es ist die Wahrheit, daß denen, die am meisten vergeben, am meisten vergeben wird."

Eines der Geheimnisse eines langen und fruchtbaren Lebens ist, jedem und allem zu vergeben, und zwar jede Nacht, bevor du zu Bett gehst. Peter von Winter sagte: „Es ist menschlich zu bestrafen, aber es ist göttlich zu vergeben." Wenn du Komplexe mit dir herumträgst, wirst du aus dem Gleichgewicht geraten. Wenn du aufhören würdest, deinen Groll zu nähren, würde er sterben. Du brauchst keinen Doktor dazu, um dir sagen zu lassen, daß es besser ist, deinen Groll aus dem Wege zu räumen, als ihn zu nähren. Vergebung ist etwas Wundervolles. Sie erwärmt das Herz und kühlt den Stich.

Es ist bei weitem besser, zu vergeben und zu vergessen, als zu hassen und sich daran zu erinnern. Josh Billings sagt: „Keine Rache ist so völlig wie Vergebung." Richard Nixon sagte: „Diejenigen, die dich hassen, gewinnen nicht, solange du sie nicht haßt und dich somit nicht selbst zerstörst." Unversöhnlichkeit verhindert Segnungen, Vergebung setzt Segnungen frei. Warum werden manche Gebete nicht beantwortet? Dwight L. Moody antwortete: „Ich glaube fest daran, daß eine Vielzahl an Gebeten deshalb unbeantwortet bleibt, weil wir jemandem nicht vergeben wollen."

Möchtest du die Vergangenheit loslassen und die Zukunft für dich in Anspruch nehmen? Dann ergreife, was Paul Boese sagte: „Vergebung verändert nicht die Vergangenheit, aber sie vergrößert die Zukunft."

Harry Fosdick sagte: „Niemand kann mit Menschen im unreinen und mit Gott im reinen sein." Du kannst falsch liegen, obwohl du richtig liegst, wenn du jemandem nicht vergibst. „Beteuere lange genug, daß du recht hast, und du wirst im Unrecht sein" (Jiddisches Sprichwort).

Die Bibel sagt in Epheser 4, 31–32: „Alle Bitterkeit und Wut und Zorn und Geschrei und Lästerung sei von euch weggetan, samt aller Bosheit! Seid aber zueinander gütig, mitleidig, und vergebt einander, so wie auch Gott in Christus euch vergeben hat!" Stell dir selbst folgende Frage: „Wenn Gott bereit ist, zu vergeben, wer bin dann ich, dies nicht zu tun?"

KOSTBARE WAHRHEIT NR. 31

TU DAS, VON DEM ANDERE DENKEN, DASS ES UNMÖGLICH IST.

Der konservative Radiomoderator Rush Limbaugh hat einen großen Namen für seine ausgefallene Krawattenkollektion: *Ohne Grenzen*. Was für ein großartiger Wahlspruch auch für unser Leben. Wir sollten das tun, was uns aus unserer Bequemlichkeit herausbringt. Sei wie David. Finde einen Riesen und töte ihn. Suche dir immer ein Hindernis aus, das groß genug ist, so daß es bedeutsam ist, es zu überwinden.

Bis du dich etwas Bedeutendem hingibst, hast du nicht wirklich angefangen, richtig zu leben. Henry Miller kommentierte: „Der Mann, der Sicherheit sucht, und sei es nur verstandesmäßig, ist wie ein Mensch, der seine Gliedmaßen abhackt und durch künstliche ersetzt, weil diese ihm nie Schmerzen oder Probleme bereiten." Nichts Bedeutendes ist je von einer realistisch denkenden Person erreicht worden.

Tradition bietet keine Hoffnung für die Gegenwart und trifft keine Vorbereitungen für die Zukunft. Tagaus, tagein; jahraus, jahrein erweitere deinen Horizont. Russell Davenport machte die Bemerkung: „Fortschritt in jedem Alter hängt nur von der Tatsache ab, daß es Männer und Frauen gibt, die sich weigern, zu glauben, daß das, was sie für richtig erachten, nicht getan werden kann."

Lerne die Regeln kennen und brich dann einige. Überschreite die Grenzen. Melvin Evans sagte: „Die Menschen, die die Zukunft schreiben, sind diejenigen, die wissen, daß Größeres erst noch kommt und daß sie selbst dazu beitragen werden, um sie zustande zu bringen. Ihre Sinne sind erhellt vom strahlenden Glanz der Hoffnung. Sie halten nie an, um zu zweifeln. Sie haben keine Zeit."

Setze dich für etwas ein, das größer ist als du selbst. Gott ließ noch nie einen Qualifizierten für sich arbeiten. „Wir sind die Leitung, Gott ist der Strom. Die einzige Macht, die wir besitzen, ist die, den Strom durchfließen zu lassen“ (Carlo Carretto). Habe einen Sinn, durch den Christus denkt; ein Herz, durch das Christus liebt; eine Stimme, durch die Christus spricht und eine Hand, durch die Christus hilft.

Wenn du wirklich das verteidigen willst, was du glaubst, dann lebe es. Dorothea Brand erklärte: „Alles, was notwendig ist, um den Bann der Trägheit und der Frustration zu brechen, ist folgendes: Handle, als ob es unmöglich wäre, zu versagen.“ Eine der größten Freuden, die du finden kannst, ist, das zu tun, von dem andere denken, daß es unmöglich ist.

KOSTBARE WAHRHEIT NR. 32

DIE VERGANGENHEIT BIRGT KEINE ZUKUNFT IN SICH.

Wenn du zu sehr in die Vergangenheit blickst, wirst du bald in diese Richtung unterwegs sein. Mike Murdock sagte: „Höre auf, darauf zu schauen, wo du gewesen bist, und fange an, darauf zu schauen, wo du sein könntest." Deine Bestimmung und deine Berufung im Leben liegen immer vor, nie hinter dir. Katherine Mansfield riet: „Mach es dir zu einer Lebensregel, nie zu bedauern und nie zurückzusehen. Bedauern ist eine entsetzliche Energieverschwendung. Du kannst nicht darauf aufbauen. Sie nutzt nur dazu, sich darin zu sulen."

Betrachte die Worte des Apostel Paulus: „Brüder, ich denke von mir selbst nicht, es ergriffen zu haben; eines aber tue ich: Ich vergesse, was dahinten, strecke mich aber aus nach dem, was vorn ist, und jage auf das Ziel zu, hin zu dem Kampfpreis der Berufung Gottes nach oben in Christus Jesus" (Phil. 3, 13–14). Du wirst wahrscheinlich eher Fehler machen, wenn du nur aufgrund deiner vergangenen Erfahrungen handelst. Zuversichtliche Gedanken über deine Zukunft haben keinen Bestand, wenn dein Denken von schwermütigem Gedankengut über die Vergangenheit erfüllt ist.

Ein Bauer sagte einmal, daß etwas bei seinem Maultier verkehrt läuft, wenn es darum geht, daß es sich vorwärtsbewegt – dies trifft auch auf viele Menschen heutzutage zu. Bist du auch störrisch, wenn es darum geht, dich vorwärtszubewegen? Phillip Raskin sagte: „Der Mensch, der das Heute verschwendet, indem er sich über gestern beklagt, wird auch das Morgen verschwenden, indem er sich über heute beklagt." Zertritt den „die-guten-alten-Tage"-Bazillus.

Die Vergangenheit wird immer sein, wie sie war. Höre damit auf, zu versuchen sie zu ändern. Deine Zukunft enthält mehr Glück als die Vergangenheit, an die du dich erinnern kannst. Glaube daran, daß das Beste erst noch kommt.

Oscar Wilde sagte: „Kein Mann ist reich genug, um seine Vergangenheit zurückzukaufen." Bedenke, was W. R. Ing sagte: „Ereignisse der Vergangenheit können grob unterteilt werden in diejenigen, die wahrscheinlich nie stattgefunden haben, und jene, die unwichtig sind." Je mehr du zurücksiehst, desto weniger wirst du vorwärtskommen. Thomas Jefferson hatte recht, als er sagte: „Ich ziehe Zukunftsträume der vergangenen Geschichte vor." Viele derjenigen, die ihre besten Tage bereits hinter sich haben, leben nur noch vom Echo ihres Rufes.

Hubert Humphrey sann nach: „Glaube mir, die guten alten Tage sind nicht ganz so gut gewesen. Die guten neuen Tage sind heute, und bessere Tage kommen morgen. Unsere größten Lieder sind noch nicht gesungen." Wenn du niedergeschlagen bist, wirst du herausfinden, daß es deshalb ist, weil du in der Vergangenheit lebst. Was ist ein sicheres Zeichen der Stagnation in deinem Leben? Wenn du in der Vergangenheit auf Kosten der Zukunft lebst, hörst du auf, zu wachsen und fängst an zu sterben. Beachte Prediger 7, 10: „Sage nicht: Wie kommt es, daß die früheren Tage besser waren als diese? Denn nicht aus Weisheit fragst du danach."

Ich stimme dem Rat Laura Palmers zu: „Verschwende nicht heute, indem du gestern bedauerst, anstatt ein Denkmal für morgen zu setzen." David McNally sagte: „Deine Vergangenheit kannst du nicht ändern, aber du kannst das Morgen ändern durch deine Handlungen heute." Erlaube es dem Gestern nie, zuviel vom Heute aufzubrauchen. Es ist wahr, was Satchel Paige sagte: „Sieh nicht zurück. Etwas könnte dich einholen."

„In der Vergangenheit zu leben ist eine langweilige und einsame Angelegenheit; zurückzusehen belastet die Nackenmuskeln und läßt dich mit Menschen zusammenstoßen, die nicht in deine Richtung laufen" (Edna Ferber). Die erste Regel auf dem Weg zum Glück ist: Vermeide es, länger über die Vergangenheit nachzudenken. Nichts ist so weit entfernt wie die vergangene Stunde. Charles Kettering fügt dem hinzu: „Du kannst kein besseres Morgen haben, wenn du die ganze Zeit über das Gestern nachdenkst." Deine Vergangenheit kommt deiner Zukunft nicht gleich.

KOSTBARE WAHRHEIT NR. 33

EINE REISE VON 10.000 KILOMETERN BEGINNT MIT EINEM EINZIGEN TELEFONANRUF.

„TELEFONWEISHEIT“

Kleine Schritte, was für eine großartige Idee! Dale Carnegie sagte: „Habe keine Angst davor, dein Bestes für das zu geben, was scheinbar kleine Aufgaben sind. Jedesmal wenn du eine bezwungen hast, macht es dich ein wenig stärker. Wenn du die kleinen Aufgaben gut erledigst, werden sich die großen wie von selbst erledigen.“ Deine Zukunft kommt Stunde um Stunde. Thomas Huxley beobachtete: „Die Sprossen einer Leiter waren nie dazu gedacht, sich darauf auszuruhen, sondern einen Menschen dazu zu befähigen, seinen anderen Fuß höher zu setzen.“

Sei nie entmutigt, solange du Fortschritte machst, egal wie langsam. Hüte dich nur davor, still zu stehen. Derjenige gilt als erfolgreich, der tut, was er kann, mit dem, was er hat, dort, wo er ist. Helen Keller sagte: „Ich sehne mich danach, große und edle Aufgaben zu erledigen, aber es ist meine Hauptaufgabe, kleine Aufgaben so zu erledigen, als ob sie groß und edel wären.“

Aller Ruhm rührt daher, kleine Schritte zu wagen. Wenn du treu die kleinen Schritten tust, wirst du zurückblicken und sagen: „Wir sind immer noch nicht, wo wir sein wollen, aber wir sind auch nicht mehr dort, wo wir waren.“ Julia Carney sagte: „Kleine Tropfen Wasser, kleine Körnchen Sand formen den mächtigen Ozean und das weite Land.“ Autor Louis Amour schrieb in etwa folgendes: „Zum Sieg gelangt man nicht in Kilometer-Schritten, sondern Meter für Meter. Gewinne jetzt ein bißchen, behaupte deinen Standpunkt und gewinne später einiges mehr.“ Gott gibt uns oft ein wenig, um zu sehen, was wir mit viel tun würden.

„Niemand begeht einen größeren Fehler als derjenige, der nichts getan hat, weil er nur wenig tun konnte“ (Edmund Burke). Kleine Taten, die vollbracht wurden, sind besser als große, die nur geplant wurden. „Und dein Anfang wird gering erscheinen, aber dein Ende wird er sehr groß machen“ (Hi. 8, 7). Ich glaube, daß Gott sich ebenso um die Kleinigkeiten deines Lebens sorgt wie um die großen Dinge. Warum? Weil Er weiß, daß die großen Dinge für sich selbst Sorge tragen werden, wenn du in den kleinen Dingen treu bist.

Die Belohnung für eine erledigte Aufgabe ist die Gelegenheit, eine andere zu tun. R. Smith sagte: „Die meisten der entscheidenden Dinge im Leben, die zu den Eckpunkten eines menschlichen Schicksals werden, sind kleine Dinge.“ Tue kleine Dinge jetzt, und die großen Dinge werden mit der Bitte um Erledigung an dich herangetragen werden.

Eines ist sicher: Was du nicht probierst, wird auch nicht funktionieren. Das Wichtigste ist es, anzufangen, auch wenn der erste Schritt der schwerste ist. Ich stimme Vince Lombardi zu: „Zentimeter machen Sieger.“ Unternimm jetzt einen kleinen Schritt. Verwirf die Kleinigkeiten nicht. Der Drachen fliegt aufgrund seines Schwanzes. Es sind die Kleinigkeiten, die zählen: Manchmal trägt eine Sicherheitsnadel mehr Verantwortung als ein Bankpräsident.

H. Storey machte die Bemerkung: „Besitze das Vertrauen, daß du zu *Größerem* fähig bist, wenn du etwas *Kleines* gut erledigt hast.“ Denke über das nach, was Pat Robertson sagte: „Verachte nicht den Tag der kleinen Anfänge, da du alle Fehler unbekannterweise machen kannst.“ Schätze die kleinen Dinge. Eines Tages magst du zurückblicken, und dann wird dir bewußt, daß es große Dinge waren. Dante sagte: „Aus einem kleinen Funken kann eine mächtige Flamme werden.“ Erinnere dich auf deinem Weg nach oben daran, daß der größte Hund einmal ein Hündchen war.

KOSTBARE WAHRHEIT NR. 34

Aufschieben ist Dünger für Schwierigkeiten.

Frage dich selbst: „Wenn ich jetzt nicht handle, was wird mich dies letzten Endes kosten?" Wenn ein Zauderer sich letztendlich entschließt, ist die Gelegenheit schon vorbei. Edwin Markum sagte:

Wenn die Pflicht an deine Tür klopft,
laß sie herein;
denn wenn du sie bittest zu warten,
wird sie gehen,
nur um noch einmal zu kommen
und sieben andere Pflichten mitzubringen.

Was du auf morgen verschiebst, das wirst du wahrscheinlich auch morgen verschieben. Erfolg ereilt denjenigen, der heute das tut, was die anderen morgen zu tun gedenken. Je fauler ein Mensch, desto mehr wird er morgen erledigen. „Alle Probleme werden kleiner, wenn du ihnen nicht ausweichst, sondern sie konfrontierst. Berühre eine Distel ängstlich, und sie wird dich pieken; faß sie unerschrocken an, und ihre Stacheln werden abbrechen" (William Halsey).

Zeit zu verschwenden, verschwendet dein Leben. Cervantes sann nach: „Auf der Straße des Hier und Da erreicht man das Haus des Nie." Ein fauler Mensch geht nicht durchs Leben, er wird vorangetrieben. „Ein weiser Mann tut sofort, was der Narr letztendlich tut" (Gracián). „Irgendwann" ist nicht ein Tag der Woche. Das Nichtstun ist die ermüdenste Aufgabe der Welt. Wenn du nicht anfängst, werden deine Schwierigkeiten nicht aufhören. Nimm jedwede Schwierigkeit jetzt in Angriff – je länger du wartest, desto größer wird sie. Zauderer haben nie kleine Probleme, denn sie warten immer, bis ihre Probleme größer werden.

Im Spiel des Lebens ist nichts so unwichtig wie das Ergebnis zur Halbzeit. „Die Tragödie des Lebens ist nicht, daß der Mensch verliert, sondern daß er fast gewinnt" (Haywood Broun). Geh nicht, bevor das Wunder passiert ist! Robert Lewis Stevenson gab den Kommentar ab: „Heilige sind Sünder, die weitergegangen sind." Das Rennen gehört nicht immer denen, die am schnellsten sind, sondern denen, die weiterlaufen. Manche Menschen warten so lange, bis die Zukunft vorbei ist, wenn sie dort angelangen.

Die meisten Menschen, die herumsitzen und auf ihr Schiff warten, erleiden dabei fast Schiffbruch. Was einem Menschen in den Schoß fällt, während er wartet, ist selten das, worauf er gewartet hat. Die härteste Arbeit in der Welt ist die, die gestern hätte erledigt werden sollen. Harte Arbeit ist normalerweise die Ansammlung einfacher Dinge, die letzte Woche hätten erledigt werden sollen.

Sir Josiah Stamp sagte: „Es ist einfach, sich vor unserer Verantwortung zu drücken, aber wir können uns nicht vor den daraus resultierenden Folgen drücken." William James kam zu dem Schluß: „Nichts ist so ermüdend wie das ewige Aufschieben einer unerledigten Aufgabe." Menschen, die ihr Handeln aufschieben, bis alle Faktoren perfekt sind, tun nichts. Jimmy Lyons sagte: „Morgen ist der einzige Tag im Jahr, der einem faulen Mann gelegen erscheint."

Die Bibel verspricht einem Faulpelz kein Brot. „Ein Mensch, der nichts zu tun hat, ‚müht' sich bei weitem mehr ab als bei irgendeiner anderen Art der Arbeit. Aber am meisten Mitleid habe ich mit dem Menschen, der sich vor der Arbeit drückt, von der er weiß, daß sie zu erledigen ist. Er ist ein Drückeberger, und oh Mann! Welch Strafe er empfangen wird … von sich selbst" (E. R. Collcard). Schnitze dir deine Zukunft zurecht; beschneide nicht einfach nur die Zeit.

KOSTBARE WAHRHEIT NR. 35

GEHE ...

Gehe vom Verausgabtsein aufs Neuaufgeladensein.

Gehe vom Versagen zum Lernen.

Gehe vom Bedauern der Vergangenheit zum Träumen von der Zukunft.

Gehe vom Frustriertsein zum Zielgerichtetsein.

Gehe vom nirgends Gott zu sehen zum Gott überall zu sehen.

Gehe von Vorurteilen zur Aussöhnung.

Gehe vom Gewöhnlichsein zum Außergewöhnlichsein.

Gehe von der Wirkungslosigkeit zur Wirksamkeit.

Gehe von der Verachtung zur Einsicht.

Gehe vom Jammern zum Gewinnen.

Gehe vom Lauwarmsein zum Entflammtsein.

Gehe vom Sicherheitsdenken zum Gelegenheitsdenken.

Gehe von der Angst zum Glauben.

Gehe vom Widerstehen zum Empfangen.

Gehe vom An-Sich-Selbst-Denken zum An-Andere-Denken.

Gehe vom Klagen zum Empfangen.

Gehe vom Dahintreiben zum Steuern.

Gehe vom Problem-Sein zum Lösung-Sein.

Gehe vom Versuchen zur echten Hingabe.

Gehe von Kopie-Sein zum Original-Sein.

Gehe vom Beneiden anderer zum Dienen anderer.

Gehe von Undankbarkeit zur Dankbarkeit.

Gehe vom Fehlerfinden zur Vergebung.

Gehe vom Kritisieren zum Komplimente-Machen.

Gehe vom Ausreden finden zum Zur-Tat-Schreiten.

Gehe vom Aufschieben zum Fortschritt.

Gehe vom Zögern zum Gehorsam.

Gehe vom Hineinpassen zum Herausragen.

Gehe vom Zerstreut-Sein zum Zielgerichtet-Sein.

Gehe vom Nehmen zum Geben.

Gehe vom Wünschen zur Weisheit.

Gehe von der Welt zum Wort.

Gehe vom Voll-Von-Stolz-sein zum Voll-Von-Gott-Sein.

Schau nach oben

KOSTBARE WAHRHEIT NR. 36

WARTE NICHT DARAUF, DASS ALLE AMPELN AUF GRÜN STEHEN, BEVOR DU AUS DEM HAUS GEHST.

Jim Stovall

Tu nichts, wofür kein Glauben notwendig ist. G. C. Lichtenberg sagte: „Tu niemals etwas, wofür du nicht den Mut hast, um die Segnungen des Himmels zu bitten." Ed Cole sagte zum Thema Glauben: „Es gibt drei Wissensebenen: Gott ist für mich. Gott ist mit mir. Gott ist in mir." Psalm 56, 10 lautet: „Am Tage, da ich rufe, weichen meine Feinde zurück; das weiß ich, daß Gott für mich ist" (*Schlachter*). Erkenne und nimm nur die Dinge an, die zu deinem Erfolg beitragen, die mit seinem Wort und seinem Willen für dein Leben in Einklang stehen.

Wayne Gretsky ist möglicherweise der größte Hockeyspieler der Geschichte. Als er nach seinem Geheimnis gefragt wurde, wie er es bewerkstelligte, seine Hockeymannschaft Jahr für Jahr beim Toreschießen anzuführen, antwortete Gretsky: „Ich laufe dahin, wo der Puck sein wird, und nicht dahin, wo er gewesen ist." Wage es, weiter zu gehen, als du sehen kannst. „Was ich also verstehe, das glaube ich auch; aber nicht alles, was ich glaube, verstehe ich auch." (Augustinus).

Zu viele Menschen erwarten wenig von Gott, bitten um wenig, erhalten daher wenig und sind mit wenig zufrieden. Sherwood Eddie sagte: „Glaube ist nicht der Versuch, etwas ungeachtet der bestehenden Tatsachen zu glauben; Glaube ist zu wagen, etwas ungeachtet der Folgen zu tun." Ich glaube aufrichtig, daß wir mehr Dinge vollbringen würden, wenn wir diese nicht automatisch als unmöglich abstempeln würden.

Gott gab dem Menschen eine aufrechte Haltung, um den Himmel zu betrachten und zu ihm aufzusehen. Sag niemals, daß die Bedingungen nicht richtig sind. Dies wird Gott immer begrenzen. Wenn du darauf wartest, daß die Bedingungen optimal sind, wirst du Gott niemals gehorchen. Die Bibel sagt in Jesaja 1, 19: „Wenn ihr willig seid und hört, sollt ihr das Gute des Landes essen."

Diejenigen, die etwas wagen, tun etwas; diejenigen, die nichts wagen, tun auch nichts. Isak Dineson sagte: „Gott machte die Welt rund, damit wir nie zu weit die Straße hinuntersehen können." Der Mensch, der nichts wagt, darf auf nichts hoffen. Du stagnierst, wenn das einzige, was du übst, Vorsicht ist. Manchmal mußt du nach vorne drängen, selbst wenn da in deinem Kopf die hämmernde Angst ist, die sagt: „Kehre um!"

Wenn du Gott draußen läßt, muß drinnen etwas falsch sein. Gott wird es niemals zulassen, daß du mit etwas konfrontiert wirst, das du und Er zusammen nicht in Griff kriegen könntet. Mary Lyon sagte: „Vertraue auf Gott – und tu etwas."

Gott sagte: „Komm an den Vorsprung."
Wir sagten: „Es ist zu hoch."
„Komm an den Vorsprung."
Wir sagten: „Wir könnten hinunterfallen."
„Komm an den Vorsprung", sagte Gott.
Und wir kamen.
Und Er stieß uns.
Und wir flogen.

KOSTBARE WAHRHEIT NR. 37

FRAGEN

Machst du ein Fragezeichen, wo Gott einen Punkt gesetzt hat?

Nimmst du Probleme in Angriff, die größer sind als du?

Verläßt du andere in einem besseren Zustand, als du sie vorgefunden hast?

Ist dein Lieblingswort *ich*?

Wie oft sagst du in deinen Gebeten: „Und nun, Gott, was kann ich für Dich tun?"

Glaubst du deinen Zweifeln und bezweifelst du deinen Glauben?

„Denn was wird es einem Menschen nützen, wenn er die ganze Welt gewönne, aber sein Leben einbüßte?" (Jesus)

Was würde passieren, wenn du die Worte, die du in bezug auf dein größtes Problem sprichst, ändern würdest? Und die über deine größte Chance?

Bist du dabei, gewöhnlich zu werden?

Werden die Menschen einmal dies über dein Leben sagen: „Er tat nichts Besonderes, und er tat es sehr gut"?

Wieviel von dir gehört Gott?

Ist der Weg von deinen Worten zu deinen Taten ein langer?

Wenn du versuchst, wie er (oder sie) zu sein, wer wird dann wie du sein?

An was gibst du die Kontrolle über dein Leben ab; an Glauben oder etwas anderes?

Wie wäre die Welt, wenn jeder genau so wie du wäre?

Wenn du jetzt nicht handelst, was wird dich dies dann letztendlich kosten?

Bist du jemand, der sagt: Meine Entscheidung lautet 'vielleicht', und zwar endgültig?"

Wirbelst du Staub auf, oder frißt du Staub? (Bill Grant)

„Wer aber unter euch kann mit Sorgen seiner Lebenslänge *eine* Elle zusetzen?" (Jesus)

Zählst du deine Segnungen, oder denkst du, daß deine Segnungen nichts zählen?

Brauchst du einen guten, schnellen Tritt in den „Ich-kann-nichts"-Hintern?

Bist du bekannt für die Versprechungen, die du nicht hältst?

Wäre der Junge, der du einmal warst, stolz auf den Mann, der du jetzt bist?

Bist du jetzt schon von der Zukunft enttäuscht?

Wie oft fragst du Gott: „Was wirst Du heute tun? Darf ich daran teilhaben?"

KOSTBARE WAHRHEIT NR. 38

Nimm nie den Rat deiner Ängste an.

Besorgnis scheint die Sünde zu sein, vor der die meisten Menschen keine Angst haben, sie zu begehen. Früher fürchteten wir Gott. Jetzt fürchten wir alles andere. Nicholas Berdyaev sagt: „Sieg über die Angst ist die erste geistliche Pflicht eines Menschen."

Ängste werden wie Babys größer, wenn du sie nährst. Angst möchte schneller wachsen als ein Jugendlicher. Disraeli sagt: „Nichts im Leben ist bemerkenswerter als die unnötige Angst, die wir ertragen und normalerweise selbst verursachen." Wir müssen handeln trotz unserer Angst ... nicht aufgrund von Angst. Wenn du Angst hast, den Ball zu treten, wirst du niemals ein Tor schießen.

Schwester Mary Tricky sagte: „Angst ist der Glaube, daß es nicht funktionieren wird." Die Bibel sagt in den Psalmen: „Gott ist unsere Zuflucht und unsere Hilfe in Zeiten der Bedrängnis. Deshalb fürchte ich mich nicht." Habe keine Angst, denn der Herr ist mit dir. Er wird es niemals zulassen, daß du deinen Schwierigkeiten alleine entgegentreten mußt.

Lucy Montgomery sagte: „Es scheint nur, daß du etwas tust, wenn du dich sorgst." Besorgnis schafft keine Abhilfe für die morgigen Probleme, sondern zerstört das heutige Glück. „Ein Tag voller Besorgnis ist anstrengender als ein Tag voller Arbeit" (John Lubbock). Wenn du dich um die Zukunft sorgst, wird es bald keine Zukunft mehr für dich geben, um die du dich sorgen mußt. Ganz egal, wie sehr jemand die Zukunft fürchtet, gewöhnlich will er dabei sein, sie zu erleben. Die Wahrheit ist, daß sich mehr Menschen um die Zukunft sorgen, als sich darauf vorzubereiten.

Laß die Sorge Sorge sein, bis die Sorge dich holt ein. Arthur Roche sagte: „Besorgnis ist ein schwacher Strom der Angst, der durch deinen Verstand sickert. Wenn du ihn förderst, gräbt er einen Kanal, in den alle anderen Gedanken kanalisiert werden." Statt dessen tu, was Dr. Rob Gilbert riet: „Es ist in Ordnung, Schmetterlinge im Bauch zu haben. Laß sie einfach in Formation fliegen."

Nur dein Verstand kann Angst hervorbringen. Jesus sagte: „Wer aber unter euch kann mit Sorgen seiner Lebenslänge *eine* Elle zusetzen?" (Mt. 6, 27). Wir wählen unsere Freuden und Ängste, lange bevor wir sie erfahren. So stimme ich mit Helen Keller überein: „Es gibt mir ein tiefes, tröstendes Gefühl, daß sichtbare Dinge zeitlich und unsichtbare Dinge ewig sind." George Porter sagte: „Sei immer auf der Hut vor deiner Vorstellungskraft. Wie viele Löwen sie auf unseren Weg stellt, und das so einfach! Und wir leiden so sehr, wenn wir ihren Geschichten und Einwänden nicht ein taubes Ohr zuwenden."

Sorge bringt niemals etwas in Ordnung. Shakespeare schrieb: „Unsere Zweifel sind Verräter, und aufgrund unserer Angst, es zu versuchen, lassen sie uns oft verlieren, was wir gewinnen könnten." Emanuel Celler sagte: „Roll deine Hosenbeine nicht auf, bevor du zum Wasser kommst."

„Wenn du durch äußere Umstände beunruhigt bist, ist der Schmerz nicht in der Sache selbst begründet, sondern in deiner Einschätzung derselben, und diese kannst du jeden Moment rückgängig machen" (Mark Aurel). Ängste lügen und lassen uns nicht dorthin gehen, wo wir hätten gewinnen können. Es sind immer zwei Stimmen, die in unseren Ohren klingen – die Stimme der Angst und die Stimme des Glaubens. Ersteres ist der Aufschrei unserer Sinne. Letzteres das Flüstern Gottes. Laß es niemals zu, daß deine Ängste dich davor zurückhalten, deinen Traum zu verfolgen.

KOSTBARE WAHRHEIT NR. 39

Bete solange, bis du wirklich betest.

Erstaunliche Dinge beginnen zu passieren, wenn wir anfangen, zu beten. Gebet ist nie verschwendete Zeit. Charles Spurgeon lehrte: „Manchmal denken wir, wir sind zu beschäftigt, um zu beten. Das ist ein großer Fehler, denn Gebet bedeutet Zeitersparnis." A. J. Gordon fügte dem hinzu: „Du kannst mehr tun als beten, nachdem du gebetet hast, aber du kannst nicht mehr tun als beten, *bis* du gebetet hast."

„Die besten Gebete bestehen oft eher aus Seufzern als aus Worten" (John Bunyan). Ich habe dies erfahren, als ich mich vielen dringlichen Erfordernissen gegenübersah. Um ganz ehrlich zu sein, kam ich zu einem Punkt, an dem ich kaum über meinen Mangel beten konnte, da es mir an so vielem mangelte. Das einzige Gebet, das ich zustande brachte, war: *„Hilfe!"*, und ich erinnere mich daran, daß ich das über dreißigmal leidenschaftlich zu Gott betete, bis ich einen Durchbruch erzielt habe. In Psalm 17, 1 wird verkündet: „Herr ... Achte auf mein Schreien" (*Hoffnung für alle*). Eines der klügsten Dinge, die ich je gebetet habe, war: „Hilfe!" Wenn du einen Schritt hin zu Gott machst, so wird Gott mehr Schritte in deine Richtung machen, als du jemals zählen kannst. Er setzte sich in Bewegung, um meine Bedürfnisse zu stillen.

Gebet alleine zeigt, daß du Gott vertraust. Oswald Chambers sagte: „Wir betrachten Gebet als ein Mittel, gewisse Dinge für uns selbst zu bekommen; die biblische Idee des Gebets ist, Gott selbst kennenzulernen." Folge dem Rat von Dwight L. Moody: „Breite dein Anliegen vor Gott aus, und sage dann: ‚Dein Wille, nicht meiner geschehe.' Die beste Lektion, die ich in Gottes Schule gelernt habe, ist, den Herrn für mich wählen zu lassen." Gehe tief ins Gebet, bevor du dich in einem tiefen Loch wiederfindest.

Gebete können nicht beantwortet werden, bevor sie nicht gebetet werden. Nichts Bedeutendes passiert, bis du leidenschaftlich betest;

bete solange, bis du wirklich betest! F. B. Myer sagte: „Die große Tragödie des Lebens sind nicht unbeantwortete Gebete, sondern *ungebetete* Gebete." Byron Edwards sagte: „Wahres Gebet erhält immer, um was es bittet – oder etwas Besseres." Gottes Antwort ist weiser als deine Antworten. Ann Lewis sagte: „Es gibt vier Wege, auf denen Gott Gebete beantwortet: nein; noch nicht; nein, ich liebe dich zu sehr; ja, ich dachte, du würdest nie darum bitten; ja, und hier ist mehr."

„Jedesmal, wenn wir beten, verändern wir unseren Horizont; unsere Haltung in bezug auf Veränderung wird anders – nicht manchmal, sondern jedesmal. Das Erstaunliche ist, daß wir nicht mehr beten" (Oswald Chambers). Leider wird nichts mehr diskutiert und weniger praktiziert als das Gebet. Bete mit dem Blick deiner Augen auf Gott gerichtet, nicht auf deine Probleme. Martin Luther sagte: „Je weniger ich bete, desto schwieriger wird es; je mehr ich bete, desto besser läuft es." Häufiges Knien wird dir helfen, mit Gott gut zu stehen. Margaret Gibb sagte: „Wir müssen uns von dem Punkt, wo wir Gott bitten, sich um die Dinge zu kümmern, die unser Herz brechen, zu dem Punkt hinbewegen, wo wir über die Dinge beten, die sein Herz brechen." Es ist unmöglich, zu beten und gleichzeitig pessimistisch zu sein. E. M. Bounds sagte: „Gebet ist unsere beste Waffe; die Sache, die allem anderen, was wir tun, Effizienz verleiht."

Mark Litteton sagte: „Kehre deine Zweifel in Fragen um; kehre deine Fragen in Gebete um; und wende deine Gebete an Gott." Gebet ist kein Trick, den wir anwenden, wenn sonst nichts funktioniert. Vielmehr stimme ich mit O. Hallesby überein, der sagte: „Fange an, mehr und mehr zu verstehen, daß Gebet das Wichtigste ist, was du tun kannst. Du kannst deine Zeit nicht besser nutzen, als zu beten, wann immer du die Gelegenheit dazu hast, sei es alleine oder zusammen mit anderen; während du bei der Arbeit bist, oder während du ruhst oder die Straße hinuntergehst. Überall!"

KOSTBARE WAHRHEIT NR. 40

Es gibt etwas, das du beginnen sollst und wozu du berufen bist, es zu Ende zu führen.

MYLES MONROE

Stolperst du einer unbestimmten Zukunft entgegen? Du kannst deine Zukunft aufgrund deines Bewußtseins hinsichtlich deines Zieles vorhersagen. Viel zu viele Menschen wissen, vor was sie davonlaufen, aber nicht, wohin sie laufen. Zuerst konzentriere dich darauf, deine Berufung zu finden, und dann konzentriere dich darauf, sie zu erfüllen. Ein *Warum*, in dem Kraft steckt, wird dir das notwendige *Wie* liefern. Zielbewußtsein, nicht Geld ist dein wahres Vermögen.

Wenn du dein Leben auf diesem Grundsatz aufbaust, sind 99 Prozent deiner Entscheidungen bereits getroffen. Zielbewußtsein vollbringt, was es tun muß; Talent vollbringt, was es tun kann. Du erwägst es, zu handeln? Höre auf Mark Aurel: „Ohne Zielbewußtsein sollte man nichts unternehmen." Robert Byrne sagte: „Das Ziel des Lebens ist ein Leben mit Ziel."

„Die Größe deiner Leistungen wird der Tiefe deiner Überzeugungen entsprechen. Suche das Glück um seinetwillen, und du wirst es nicht finden; suche nach einem Ziel, und das Glück wird dir folgen, so wie der Schatten mit dem Sonnenschein einhergeht" (William Scolavino). Wenn du dich nach deiner Berufung ausstreckst, wird es wie ein Magnet sein, das dich voranzieht, und nicht wie ein Messingring, der nur einmal herumreicht. Berufung zieht.

John Foster sagte: „Es ist eine armselige, schändliche Sache, nicht mit einem gewissen Grad an Sicherheit in der Lage zu sein, auf die einfachen Fragen zu antworten: ‚Was wirst du sein? Was wirst du tun?'"

Dr. Charles Garfield fügte an: „Spitzenkandidaten sind Menschen, die in einer zwingenden Aufgabe engagiert sind. Es ist offensichtlich, daß es ihnen wichtig ist, was sie tun, und all ihre Anstrengung, Energie und ihr Enthusiasmus sind auf diese spezielle Aufgabe zurückverfolgbar." Du bist nicht wahrhaft frei, bis du von deiner obersten Aufgabe im Leben gefangengenommen worden bist.

Bete nicht einfach nur, daß Gott dies oder jenes tun soll, bete vielmehr darum, daß Gott dir sein Ziel für dich bekanntmacht. William Cowper sagte: „Das einzig wahre Glück rührt daher, uns einem Ziel hinzugeben." Beachte Sprüche 19, 21: „Menschen haben den Kopf voller Pläne, doch nur Gottes Beschluß wird ausgeführt" (*Die Gute Nachricht*). Wisse, daß Gott mit dir ist und dir das bereitstellen wird, was du brauchst, um deinen Zweck zu erfüllen.

Trenne dich nicht von deiner Berufung. Sie ist ein Anker im Sturm. Ein zielloses Leben bedeutet den frühen Tod. Psalm 138, 8 lautet: „Der Herr wird es [seinen Plan] für mich vollführen! Herr, deine Gnade währt ewiglich" (*Schlachter*). Rick Renner kommentierte: „Das einzige, was dich vom Willen Gottes zurückhalten kann, ist, dich selbst zu betrachten und zu sagen: ‚Ich bin nur einer von vielen.'" Du kannst nichts tun hinsichtlich der Länge deines Lebens, aber du kannst etwas tun, was seine Weite und Tiefe betrifft. Was du glaubst, ist die Kraft, die bestimmt, was du im Leben erreichst oder nicht erreichst.

Das Leben eines Durchschnittsmenschen besteht aus zwanzig Jahren, in denen die Eltern fragen, wo er hingeht, dann folgen vierzig Jahre an der Seite eines Ehegatten, der dieselbe Frage stellt, und am Ende stellen die Trauernden dieselbe Frage. Martin Luther King junior sagte: „Wenn ein Mensch nicht etwas gefunden hat, wofür er sterben würde, ist er nicht lebenstauglich." Gib dich selbst deiner Berufung preis.

KOSTBARE WAHRHEIT NR. 41

Zählst du deine Segnungen, oder denkst du, daß deine Segnungen nichts zählen?

„Wenn das einzige Gebet, das du in deinem ganzen Leben beten würdest, ‚danke' wäre, so würde dies genügen" (Meister Eckhart). Hast du eine Haltung der Dankbarkeit? Wenn wir innehielten, um mehr nachzudenken, würden wir innehalten, um mehr zu danken. Von allen menschlichen Gefühlen ist Dankbarkeit die mit dem kürzesten Gedächtnis.

Cicero sagte: „Ein dankbares Herz ist nicht nur die größte Tugend, sondern auch die Mutter aller anderen Tugenden." Der Grad deiner Dankbarkeit ist auch ein sicheres Maß für deine geistliche Gesundheit. Max Lucado schrieb: „Der Teufel braucht dir nichts zu stehlen; alles, was er tun muß, ist, dich dazu zu bringen, alles als selbstverständlich zu betrachten." Wenn du all deine Segnungen zählst, wirst du immer einen Gewinn verzeichnen.

Ersetze dein Bedauern durch Dankbarkeit. Sei dankbar für das, was du hast, bedauere nicht das, was du nicht hast. Wenn du nicht dankbar für das sein kannst, was du hast, sei dankbar für all das, dem du entgangen bist. Henry Ward Beecher sagte: „Der Undankbare … entdeckt keine Gnade; aber das dankbare Herz … wird in jeder Stunde einige himmlische Segnungen finden." Je mehr du dich beklagst, desto weniger wirst du erhalten.

„Wenn wir alles erhalten, was wir wollen, werden wir bald nichts von dem wollen, das wir bekommen" (Vernon Luchies). Wenn du nicht genießt, was du hast, wie könntest du mit mehr glücklicher sein? Francis Schaeffer sagte: „Der Anfang der Rebellion des Menschen gegen Gott war und ist der Mangel an einem dankbaren Herzen." Die Saat der Entmutigung wird in einem dankbaren Herzen nicht wachsen. Erich Fromm machte die Bemerkung: „Geiz ist ein Faß ohne Boden, der einen Menschen völlig auslaugt durch den endlosen Versuch, Bedürfnisse zu befriedigen, ohne dabei Zufriedenstellung zu erlangen."

Epikur sann nach: „Nichts genügt demjenigen, für den genug zu wenig ist." Es ist ein sicheres Zeichen von Mittelmäßigkeit, mit unserem Dank zurückhaltend zu sein. Sei niemals so sehr damit beschäftigt, Gott um Gunst zu bitten, daß du keine Zeit findest, Ihm zu danken. Ich verstehe gut, was Joel Budd sagte: „Ich fühle mich, als ob ich derjenige gewesen wäre, der das Lied „Amazing Grace" [Erstaunliche Gnade] geschrieben hat."

„Glück sieht immer klein aus, während du es in der Hand hältst, aber laß es los, und du wirst lernen, wie groß und wertvoll es ist" (Maxim Gorky). Ich denke, wir sollten die Einstellung George Huberts haben, der sagte: „Du, oh Herr, hast mir so viele Dinge gegeben, gib mir eines mehr – ein dankbares Herz." Die Bibel sagt in den Psalmen: „Laßt uns in seine Gegenwart mit Danksagung kommen." Unser Dank an Gott sollte unseren Bitten an Ihn immer vorausgehen. Die Bibel fordert uns in 1. Thessalonicher 5, 17–18 auf: „Betet unablässig! Sagt in allem Dank!"

„Wir danken Gott nicht für das, was Er uns gegeben hat. Unsere Gebete sind viel zu oft die Gebete eines Bettlers: Gebete, die um etwas bitten. Wir bringen zu wenige Gebete des Dankes und des Lobes dar" (Robert Woods). Ertappe dich nicht am Ende deines Lebens dabei, zu sagen: „Was für ein wundervolles Leben ich hatte! Ich wünschte nur, ich hätte dies früher geschätzt und erkannt."

Danke Gott für schmutziges Geschirr,
denn es hat eine Geschichte zu erzählen.
Während andere Menschen hungrig sind,
haben wir reichlich zu essen.
Mit unserem Heim und unserer Gesundheit
und unserem Glück sollten wir nicht meckern.
Denn aufgrund dieser Fülle an Beweismaterial,
ist Gott sehr gut zu uns.

KOSTBARE WAHRHEIT NR. 42

Sei …

Sei … du selbst.

Sei … positiv.

Sei … dankbar.

Sei … entschieden.

Sei … gnädig.

Sei … beharrlich.

Sei … ehrlich.

Sei … ausgezeichnet.

Sei … voller Gebet.

Sei … treu.

Sei … engagiert.

Sei … gewissenhaft.

Sei … zielgerichtet.

Sei … vergebend.

Sei … enthusiastisch.

Sei … voller Hoffnung.

Sei … vertrauenswürdig.

Sei … redlich.

Sei … hilfsbereit.

Sei … freundlich.

Sei … glücklich.

Sei … mutig.

Sei … großzügig.

Sei … liebevoll.

Sei … zuverlässig.

Sei … weise.

Sei … heilig.

Sei … gehorsam.

Sei … zielbewußt.

Sei … effektiv.

Sei … kreativ.

Sei … verantwortungsvoll.

Sei … hingegeben.

Sei … geduldig.

Sei … optimistisch.

Sei … barmherzig.

KOSTBARE WAHRHEIT NR. 43

WAS DU GIBST, IST LEBENDIG.

Eine gute Weise, einen Menschen zu beurteilen, ist es, auf seine Worte zu achten. Noch besser ist es, seine Taten zu beobachten. Das beste aber ist, sein Geben zu betrachten. Elizabeth Bibesco sagte: „Gesegnet sind die, die geben können, ohne sich daran zu erinnern, und nehmen können, ohne es zu vergessen." Das große Problem ist nicht das Haben und Nicht-Haben – es ist das Nicht-Geben. Der Herr liebt einen fröhlichen Geber, und so ist es auch mit allen anderen.

Das Geheimnis des Lebens ist das Geben. Charles Spurgeon sagte: „Empfinde für andere – in deiner Geldbörse." Ein indianisches Sprichwort besagt: „Gute Menschen, genauso wie Wolken, empfangen nur, um weiterzugeben." In der Tat ist die beste Großzügigkeit diejenige, die schnell geschieht. Wenn du schnell gibst, ist dies, wie zweimal zu geben. R. Browne sagte: „Was immer Gott in deinem Leben tut, geschieht nicht, damit du es für dich behalten kannst. Er will, daß du es anderen gibst." Wenn du nur dann gibst, wenn du darum gebeten wirst, dann hast du zu lange gewartet.

Die Bibel sagt in Apostelgeschichte 20, 35: „Geben ist seliger als nehmen". Geben ist immer das Thermometer unserer Liebe. Eleanor Roosevelt sagte: „Wenn du aufhörst, einen Beitrag zu leisten, fängst du an zu sterben." Diejenigen, die nur nehmen, finden kein Glück. Diejenigen, die geben, finden es. Füreinander zu leben ist der beste Weg, für sich selbst zu leben. John Wesley riet: „Tu alles, was du kannst, spare alles, was du kannst, gib alles, was du kannst." Dies ist ein gutes Rezept für ein erfolgreiches Leben.

Die Schweizer sagen: „Ein habgieriger Mensch und ein Armer sind praktisch ein- und dasselbe." Wenn es ums Geben geht, hören manche schon bei nichts auf. Habgier verringert immer das, was man hat. Mike Murdock sagt: „Geben ist der Beweis dafür, daß du die Habsucht bezwungen hast."

Eine Menge Menschen sind bereit, Gott die Ehre zu geben, aber nicht sehr viele sind bereit, Ihm Geld zu geben. Betrüge nicht den Herrn und nenne es Ersparnisse. Das Problem zu vieler Menschen, die geben, bis es weh tut, ist, daß sie sehr schmerzempfindlich sind.

Wenn du hast, gib. Wenn du Mangel hast, gib. G. D. Bordmen sagte: „Das Gesetz der Ernte ist mehr zu ernten, als zu säen." Es ist wahr: Menschen, die immer geben, empfangen.

Henry Drummond sagte: „Es liegt kein Glück im Haben oder Erhalten, sondern nur im Geben." Der Test für Großzügigkeit ist nicht notwendigerweise, wieviel du gibst, sondern wieviel du übrig hast. Henry Thoreau sagte: „Wenn du Geld gibst, gib dich selbst damit aus." Das Geheimnis des Lebens ist zu geben.

KOSTBARE WAHRHEIT NR. 44

WENN GOTT ALLES IST, WAS DU HAST, DANN IST ER ALLES, WAS DU BRAUCHST.

Billy Joe Daugherty sagte: „Gott ist nicht schwer zu finden! Aber es gibt eine Bedingung ... wir müssen Ihn mit unserem ganzen Herzen suchen." Du wirst immer in Schwierigkeiten kommen, wenn du versuchst, dein Leben ohne Gott in den Griff zu bekommen. 2. Chronik 32, 8 lautet: „... aber mit uns ist der Herr, unser Gott, um uns zu helfen und unsere Kriege zu führen!" Gott, der allerhöchste Kämpfer, lebt in dir. Wenn du ein Soldat Christi bist, kümmere dich nicht um die öffentliche Meinung. Sei nur bezüglich der Meinung deines Befehlshabers besorgt. Wenn du Gott fürchtest, dann gibt es keinen Anlaß, irgendetwas anderes zu fürchten.

Ich glaube, wir sollten unbedingt dem Rat Mary Lyons folgen: „Glaube an Gott und tue etwas." Satan ist es egal, was wir anbeten, solange wir nicht Gott anbeten. Viel zu viele Menschen bitten den Herrn, sie zu führen, und nehmen dann selbst das Steuer in die Hand. Deine Beziehung zu Gott wird von Dauer sein, wenn Er in deinem Leben an erster Stelle steht. Viel zu viele Menschen wollen die Segnungen Gottes, aber nicht Ihn.

Wenn du Gott verlierst, so ist nicht Gott es, der verloren ist. Manche Menschen sprechen über Gott, als ob er verlorengehen könnte. Die Bibel sagt: „Naht euch Gott! Und er wird sich euch nahen" (Jak. 4, 8). Tommy Barnett sann nach: „Je mehr ich Ihn suche, desto mehr sucht Er mich." Um den Wert zu steigern, lerne Gott kennen. Bete zu Gott: „Ich will in deinem Willen sein, nicht Dir im Weg stehen." William Law fügte hinzu: „Nichts anderes hat uns von Gott getrennt als unser eigener Wille, oder besser ausgedrückt, unser eigener Wille bewirkt unsere Trennung von Gott."

Oswald Chambers rät uns: „Gewöhne dir an, Gott in alles miteinzubeziehen. Wenn du es nicht lernst, im ersten wachen Moment des Tages die Türe weit aufzureißen und Gott hereinzulassen, wirst du den ganzen Tag lang auf der falschen Grundlage arbeiten; aber mache die Türe weit auf, und bete zu deinem Vater im Verborgenen, und alle Angelegenheiten des Tages werden von der Gegenwart Gottes geprägt sein." Bete nicht auswendig, sondern mit dem Herzen.

Die Bibel findet uns dort, wo wir gerade stehen, und wird uns mit unserer Erlaubnis dorthin führen, wo wir hingehen sollen. Andere Bücher dienen uns zur Information, aber die Bibel dient dem Zweck der Umwandlung und der Umgestaltung. Wer das Wort Gottes nur auszugsweise ausprobiert, wird nie viel Geschmack dafür entwickeln. Psalm 35, 27 besagt: „Laß jubeln und sich freuen, die meine Gerechtigkeit wünschen, und laß sie stets sagen: ‚Erhoben sei der Herr, der den Frieden [das Wohl] seines Knechtes will!'"

Unser aufrichtiger Aufschrei zu Gott sollte derselbe sein, wie der Aufschrei Jesajas: „Hier bin ich, sende mich!" (Jes. 6, 8). Schenke den Worten W. H. Atkens Beachtung, der sagte: „Herr, nimm meine Lippen und sprich durch sie; nimm meinen Verstand und denke durch ihn; nimm mein Herz und setze es in Brand." Wir müssen Gott nicht nur das geben, was wir haben, sondern auch das, was wir sind.

KOSTBARE WAHRHEIT NR. 45

TUE, WAS RICHTIG IST, AUF DIE RICHTIGE ART UND ZUR RECHTEN ZEIT.

Dein Erfolg hat weniger mit Geschwindigkeit zu tun als vielmehr mit der richtigen Wahl des Zeitpunkts und der Richtung. Was ist der Vorteil davon, zu laufen, wenn man sich auf dem falschen Weg befindet? Der Schlüssel ist, das Richtige zur rechten Zeit zu tun. Tyron Edwards sagte: „Nimm dir für alles eine bestimmte Zeit und einen bestimmten Ort, und tue alles zu seiner Zeit und an seinem Ort, und du wirst nicht nur mehr erreichen, sondern auch viel mehr Freizeit haben als die, die immer in Eile sind." Das Problem ist, daß viele ehrgeizige Unternehmertypen nicht lange genug innehalten, um der günstigen Gelegenheit zu erlauben, sie einzuholen."

Beverly Sills sagte: „Es gibt nirgendwohin Abkürzungen, die es wert wären, sie zu nehmen." Der Weg zur Spitze ist weder geschwind noch einfach. Nichts Lohnendes passiert auf die schnelle – also sei geduldig. Aufgrund von Ungeduld verfehlen wir Gottes Willen; beständige Ungeduld veranlaßt uns dazu, nicht umzukehren. Sei nicht ungeduldig. Denke daran, daß du deine Hände nicht aufwärmen kannst, indem du dir deine Finger verbrennst. Über je weniger Geduld jemand verfügt, desto schneller verliert er sie.

Gott hat nicht die Eile erschaffen. Lord Chesterfield sagte: „Wer in Eile ist, zeigt damit, daß das, was er gerade tun will, für ihn zu groß ist." Wenn du dich außerhalb des richtigen Zeitrahmens befindest, wirst du Eile säen und Frustration ernten. Es gibt einfach Wichtigeres im Leben, als nur seine Geschwindigkeit zu steigern. Menschen, die durchs Leben eilen, kommen schneller an sein Ende.

Brendon Francis kommentierte: „Bei einer Aufgabe zu versagen kann das Ergebnis dessen sein, sie zur falschen Zeit in Angriff genommen zu haben." Wenn die Zeit verstrichen ist, ist gute Vorbereitung nutzlos. Leonardo sagt: „Zeit bleibt lange genug bei dem, der sie zu nutzen weiß." Das Problem des Lebens auf der Überholspur ist, daß man zu schnell an das andere Ende gelangt. Søren Kierkegaard sagte: „Manche Menschen verfolgen das Vergnügen mit einer derart atemberaubenden Geschwindigkeit, daß sie daran vorbeilaufen." Eile schafft Verluste. Gib der Zeit Zeit. Viele Menschen überschätzen, was sie in einem Jahr tun können, und unterschätzen, was sie in einem ganzen Leben tun können.

Jean de La Bruyère sagte: „Kein Weg ist zu lang für den, der langsam und ohne Eile vorwärtsschreitet; kein lockendes Ziel liegt zu fern für den, der sich mit Geduld rüstet." Oft hat der Schritt, den du in einer Angelegenheit unternimmst, nicht direkt etwas mit der Antwort zu tun – er bringt dich jedoch zur rechten Zeit an den richtigen Ort.

Wir sind am glücklichsten, wenn wir entdecken, daß das, was wir tun sollen, mit dem, was wir gerade tun, übereinstimmt. Du wirst nie das sein, was du sein sollst, bis du das tust, was du tun sollst.

Wenn du in die richtige Richtung blickst, lauf einfach weiter. Francis Bacon sagt: „Der Lahme, der auf der richtigen Straße bleibt, überholt den Läufer, der die falsche nimmt ... je aktiver und geschwinder letzterer ist, desto weiter wird er irregehen."

Halte das richtige Tempo: Wenn du zu schnell gehst, wirst du das Unglück einholen. Wenn du zu langsam gehst, wird das Unglück dich einholen. Die Bibel sagt: „Eine Leuchte für meinen Fuß ist dein Wort, ein Licht für meinen Pfad" (Ps. 119, 105). Laß Gott dein Leiter sein, und du wirst den falschen Orten aus dem Weg gehen.

KOSTBARE WAHRHEIT NR. 46

SEI, WAS DU BIST.

Ich habe die Gelegenheit, lange Zeiten auf Flughäfen zu verbringen, weil ich häufig reise. Fast immer, wenn ich auf einem Flughafen bin, fällt mir eine große Anzahl von Menschen auf, die so aussehen, als ob sie in Eile wären, aber nicht wissen, wohin sie gehen. Ist es nicht unglaublich, daß sich so viele ihr ganzes Leben lang auf Gebieten bemühen, die nichts mit den Gaben und Talenten zu tun haben, die Gott ihnen gegeben hat? Unglaublich viele verbringen ihr ganzes Leben mit dem Versuch zu verändern, wie Gott sie geschaffen hat.

Gott wußte, was Er tat, als Er besondere Gaben, Talente und Stärken in dich gelegt hat. 1. Korinther 7, 7 behauptet: „... jeder hat seine eigene Gnadengabe von Gott". Mark Aurel sagte: „Sei dir der Vortrefflichkeiten, die du besitzt, voll bewußt, und erinnere dich mit Dankbarkeit, wie du dich nach ihnen sehnen würdest, wenn du sie nicht hättest."

Robert Quillen stellte die Überlegung an: „Wenn du all deine Vorzüge zählst, weist du immer einen Profit auf." Ergreife die Gelegenheiten, deine Talente zu nutzen." „Stelle dich auf den Scheffel. Dies bringt immer deine Talente ans Licht" (Baltasar Gracián). Beurteile dich nie selbst aufgrund deiner Schwächen. Ich stimme mit Malcolm Forbes überein, der behauptete: „Zu viele Menschen überbewerten das, was sie nicht sind, und unterschätzen, was sie sind." Du bist reicher, als du denkst.

Nathaniel Emmons sagte: „Ein Hauptgrund dafür, daß so viele Menschen oftmals nutzlos sind, ist, daß sie ihren eigenen Beruf oder ihre eigene Berufung vernachlässigen und ihre Aufmerksamkeit aufteilen und sie auf eine Vielzahl von Zielen und Dingen richten." Das Beste wird immer dann aus dir hervorkommen, wenn du die besten Gaben anzapfst, die Gott in dich gelegt hat. Ich stimme William Matthews zu, der sagte: „Ein gut gepflegtes Talent, vertieft und erweitert, ist mehr wert als 100 oberflächliche Fähigkeiten."

Zu viele Menschen ziehen nur ihre Mängel in Betracht, niemals ihre Talente und Fähigkeiten. Wenn du tief im Inneren ein Musiker bist, dann mach Musik. Wenn du ein Lehrer bist, dann lehre. Sei, was du bist, und du wirst mit dir selbst im Frieden sein. Ich stimme William Boetcher zu, der erklärte: „Je mehr du lernst, was du mit dir selbst anfangen kannst, und je mehr du für andere tust, desto mehr wirst du ein Leben in Überfluß zu genießen lernen." Tu das, was am natürlichsten für dich ist. Yoruba sagte: „Du kannst ein Schwein nicht davon abhalten, sich im Dreck zu wälzen."

Ich stimme Sydney Harris zu: „Neunzig Prozent des Leids der Welt rührt von den Menschen her, die sich selbst, ihre Fähigkeiten, ihre Schwächen und nicht einmal ihre wahren Tugenden kennen." Erwarte nichts Originelles von einem Echo. Musset sagte: „Wie glorreich und auch schmerzvoll es ist ... eine Ausnahme zu sein." Billy Walder fügt hinzu: „Vertraue deinem eigenen Instinkt. Deine Fehler können ebensogut deine eigenen sein statt die eines anderen." Abraham Lincoln kam zu dem Schluß: „Was auch immer du bist, sei das gut."

E. E. Cummings riet: „Niemand anderer als du selbst zu sein – in einer Welt, die Tag und Nacht ihr Bestes gibt, um dich zu jemand anderem zu machen – bedeutet den härtesten Kampf, den ein Mensch kämpfen kann und den er niemals aufhören darf, zu kämpfen." Das Wichtigste ist: Sei du selbst!

KOSTBARE WAHRHEIT NR. 47

Halse dir mit deinem Mund keinen Ärger auf.

Kürzlich sah ich ein Schild unter einem großen ausgestopften Barsch mit weitgeöffnetem Maul. Es lautete: „Wenn ich meinen Mund gehalten hätte, wäre ich nicht hier." Wie wahr! Was wir sagen, ist wichtig. Hiob 6, 25 erinnert uns: „O wie eindringlich sind die Reden der Wahrheit!" (*Schlachter*). Laß mich diese Frage stellen: Was würde geschehen, wenn du das ändern könntest, was du über dein größtes Problem, deine größte Gelegenheit gesagt hast?

Unser Gebet zu Gott sollte sein: „Oh Herr, bitte fülle meinen Mund mit Worten, die nicht schaden, und gib mir einen Schubs, wenn ich genug geredet habe." Sprüche 29, 11 sagt: „Seinen ganzen Unmut läßt der Tor herausfahren." Sprich immer weniger als das, was du weißt. Erlaube es deiner Zunge nie, etwas zu sagen, wofür du später deinen Kopf hinhalten mußt. Die menschliche Zunge liegt nur ein paar Zentimeter vom menschlichen Gehirn entfernt, aber wenn du so manche Menschen sprechen hörst, scheint sie meilenweit entfernt zu sein. Die Zunge rennt dann am schnellsten, wenn das Gehirn in den Leergang geschaltet hat.

Ein Trainer für die Läufer der Oberstufe hatte Schwierigkeiten, sein Team zur bestmöglichen Leistung zu motivieren. Sein Team entwickelte den herausragenden Ruf, bei jedem Rennen als letzte anzukommen. Ein Faktor, der zu diesem wenig erfolgreichen Programm beitrug, war die Anfeuerungstaktik des Trainers. Er dachte, daß es sein wirkungsvollstes, inspirierendes Werkzeug sei, seinem Team zu sagen: „Biegt immer links ab und lauft dann schnell zurück." Deine Worte haben die Macht, Feuer zu entfachen oder Leidenschaft zunichte zu machen.

Erwähle es, positive, motivierende, nette Worte zu sprechen. Pascal kommentierte: „Nette Worte kosten nicht viel. Sie rufen keine Blasen an der Zunge oder den Lippen hervor. Geistige Probleme rühren erfahrungsgemäß nie aus dieser Richtung her. Und obwohl nette Worte nicht viel kosten, erreichen sie doch viel. Sie bringen in anderen die guten Seiten hervor. Sie hinterlassen auch ihren eigenen Abdruck in der Seele eines Menschen – und was für ein wunderschönes Bild dieser ergibt." Kolosser 4, 6 rät: „Euer Wort sei allezeit in Gnade, mit Salz gewürzt; ihr sollt wissen, wie ihr jedem einzelnen antworten sollt!" Sir Wilfred Grenfell sagte: „Schick ein nettes Wort auf die Reise. Man kann nie sagen, wo das Gute, das es bewirkt, aufhören wird."

„Die Worte *Ich bin* sind mächtige Worte; sei vorsichtig, worauf du sie beziehst. Was du behauptest, greift auf dich zurück und erhebt Anspruch" (A. L. Kietselmann) Manchmal sind deine größten Feinde und deine vertrauenswürdigsten Freunde die Worte, die du zu dir selbst sprichst. Henry Ward Beecher kam zu dem Schluß: „Ein helfendes Wort an jemanden in Not ist oft wie die Weiche in den Bahngleisen … drei Zentimeter entscheiden über Unfall oder reibungslosen Ablauf." Johann Lavater sagte: „Sprich niemals etwas Schlechtes über einen Menschen, wenn du es nicht sicher weißt, und dann frage dich selbst: ‚Warum sollte ich es erzählen?'"

Die Bibel sagt: „Leben und Tod sind in der Gewalt der Zunge …" (Spr. 18, 21). Welche Worte haben den gewaltigsten Einfluß auf dich? George Burnham sagte: „‚Ich kann das nicht tun' hat noch niemals etwas vollbracht. ‚Ich werde es versuchen' hat schon oft Wunder vollbracht."

Wenn du deinen Mund vor Ausrutschern bewahren willst,
mußt du fünf Dinge mit Sorgfalt beachten:
zu wem du sprichst,
von wem du sprichst,
und wie und wann und wo.

KOSTBARE WAHRHEIT NR. 48

Setze dich für das ein, was richtig ist. Dann gewinnst du sogar, wenn du verlierst.

Es ist immer die richtige Zeit, um das Richtige zu tun. „Laßt uns von Vortrefflichkeit angetrieben sein. Laßt uns so von Vortrefflichkeit angetrieben sein, daß wir am Ende jeden Tages, jeden Monats, jeden Jahres, ja am Ende des Lebens uns selbst die wichtige Frage stellen müssen: Haben wir von uns selbst genug gefordert und durch unser Beispiel diejenigen, die um uns herum sind, dazu inspiriert, ihr Bestes zu geben und ihr größtes Potential zu erreichen?" (Richard Huseman). Du erreichst Dinge gemäß dem, was du glaubst.

Schwächlinge haben mehr Schaden verursacht als bösartige Menschen. Die Probleme dieser Welt sind eher durch die Schwachheit des Guten verursacht worden als durch die Macht des Bösen. Der wahre Maßstab für einen Menschen liegt in der Größe seiner Ideale, der Weite seines Mitgefühls, der Tiefe seiner Überzeugungen und der Länge seiner Geduld. Eddie Rickenbacker ermutigte uns folgendermaßen: „Denk positiv und gebieterisch, mit Vertrauen und Glauben, und das Leben wird sicherer, aktionsgeladener, reicher an Errungenschaften und Erfahrungen."

„Unter all den Wegen, die ein Mensch einschlagen könnte, gibt es jederzeit den besten Weg ... etwas, das hier und jetzt das Weiseste ist, das man tun kann ... diesen Weg zu finden und auf ihm zu gehen, das ist es, was notwendig ist" (Thomas Carlyle). Der richtige Gedankengang wird dich zu einer besseren Position im Leben bringen.

Zu versuchen zu tun, was das Beste ist, und im wesentlichen wir selbst zu bleiben, ist gewissermaßen ein und dasselbe. Der Trainer John

Wooden sagte: „Erfolg ist der Frieden des Verstandes, welcher das unmittelbare Ergebnis des Wissens ist, sein Bestes getan zu haben, um das Beste zu werden, was man sein kann." Eines der Geheimnisse des Erfolgs ist, einen Schritt nach vorne zu tun, ohne dabei jemandem auf die Füße zu treten.

Wenn du nach Größe strebst, dann vergiß die Größe und frage nach Gottes Willen. Du wirst beides finden. Harold Taylor sagte: „Die Wurzeln wahrer Leistung liegen im Willen, das Beste zu werden, was man werden kann." Hebe deinen persönlichen Qualitätsstandard an. Was du auch immer für jetzt als gut genug empfindest, füge noch zehn Prozent hinzu. Besser ist besser.

Der größte Fehler, den du im Leben begehen kannst, ist, nicht treu hinsichtlich dessen zu sein, was du als Bestes erkannt hast. George Bernard Shaw machte die Aussage: „Halte dich sauber und klar; du bist das Fenster, durch das du die Welt betrachten mußt." Folge dem Rat von Ralph Sockman: „Gib das Beste, was du hast, an das Höchste, das du kennst – und tu es jetzt."

KOSTBARE WAHRHEIT NR. 49

Wunder beginnen immer im Herzen.

BILLY JOE DAUGHTERY

Immer wenn ich mit einer neuen Gelegenheit oder einer schwierigen Situation konfrontiert bin, frage ich mich gewöhnlich selbst: „Habe ich ein reines Herz und die richtige Geisteshaltung?“ Psalm 139, 23–24, beinhaltet das Gebet: „Erforsche mich, Gott, und erkenne mein Herz. Prüfe mich und erkenne meine Gedanken! Und sieh, ob ein Weg der Mühsal bei mir ist, und leite mich auf ewigem Weg!“

Die Waffe des Tapferen liegt in seinem Herzen. Horace Rutledge sagte: „Wenn du die Welt engstirnig betrachtest, wie gemein sie ist! Wenn du sie eigennützig betrachtest, wie eigennützig sie ist! Aber wenn du sie mit einer aufgeschlossenen, großzügigen und freundlichen Geisteshaltung betrachtest, wie wundervoll du sie finden wirst!“ Die Bibel rät uns, alles zu prüfen und an dem festzuhalten, was gut ist (siehe 1. Thes. 5, 21).

Margaret Mitchell sprach diese Wahrheit aus: „Es gibt keinen äußeren Einfluß, der jemandem von uns etwas anhaben könnte.“ James Allen fügte hinzu: „Du wirst so armselig werden wie der Wunsch, der dich regiert, und so groß wie dein vorherrschendes Bestreben.“ Beherzige dies: Wenn du nicht genügend Stärke in dir hast, dann wirst du keine Achtung erhalten.

Wenn das Ziel eines Menschen in dieser Welt richtig ist, dann wird er dem Feuer in der nächsten entgehen. Viel zu viele Kinder haben Angst vorm Dunkel, während zu viele Erwachsene Angst vorm Licht haben. William Hazlitt bemerkte: „Wenn die Menschheit sich das wünschen würde, was richtig ist, hätten sie dies schon vor langer Zeit erreicht.“ Roger Babson fügte hinzu: „Wenn die Dinge bei dir nicht gut laufen, stelle die Bestrebung an, deine Situation zu berichtigen, indem du den Dienst, den du vollführst, sorgfältig analysierst, und im besonderen die Geisteshaltung, mit der du ihn tust.“

Zu wissen, was richtig ist, und es nicht zu tun, ist genauso schlecht, wie das Falsche zu tun. Öffne den Problemen die Tür, und sie werden vorzeitig auftauchen. Erspare dir eine Menge Probleme, indem du dir keine aufhalsen läßt. Und hier noch mehr Einsichten in bezug auf Probleme: Du mußt dich nicht alter Probleme entledigen, um Platz für neue zu schaffen. Nichts kostet mehr, als das Falsche zu tun.

Wer sich in die Probleme anderer einmischt, häuft sich zusätzlich Probleme auf. Der beste Weg, dem Übel zu entkommen, ist, das Gute zu verfolgen. Wer darauf besteht, Problemen ihre Aufwartung zu machen, wird bald mit ihnen verheiratet sein. Gehe geradeaus. Jede krumme Biegung wird das Erreichen deines Erfolgs verzögern.

Pastor Joel Budd sagte: „Ein hungriges Herz ist wie ein Fallschirm. Wenn du es öffnest, macht es auf und rettet dich." Halte dein Herz und deinen Kopf in der richtigen Richtung, und du wirst dir um deine Füße keine Sorgen machen müssen.

KOSTBARE WAHRHEIT NR. 50

LEHNE DICH NICHT ZURÜCK UND NIMM, WAS KOMMT. STREBE NACH DEM, WAS DU MÖCHTEST.

Laß mich dir die uralte Frage stellen: „Wartest du auf Gott, oder wartet Gott auf dich?" Ich glaube, daß Er die meiste Zeit auf uns wartet. Ist Gott deine Hoffnung oder deine Entschuldigung? Ich bin überzeugt, Er will, daß du die Initiative ergreifst, um dein Leben offensiv zu leben. William Menninger sagte: „Das Maß an Zufriedenheit, das du aus deinem Leben beziehst, hängt größtenteils von deiner eigenen Erfindungsgabe, deiner Unabhängigkeit von fremder Hilfe und deinem Einfallsreichtum ab. Die Menschen, die in ihrem Leben darauf warten, daß ihnen das Leben Zufriedenheit liefert, finden statt dessen Langeweile."

Albert Hubert bemerkte: „Wenn jemand Milch haben will, sollte er sich nicht auf einen Stuhl in der Mitte eines Feldes setzen und darauf warten, daß sich die Kuh in Position begibt." Die Tür zur Gelegenheit wird sich nicht öffnen, es sei denn, du versetzt ihr einen Stoß.

Sich in Abwehrhaltung zu begeben hat noch niemals ultimativen Sieg erzeugt. Ich glaube, daß Gott den Tapferen hilft. Tu das, was Sara Teasdale sagte: „Ich mache das Beste aus allem, was kommt, und das Wenigste aus allem, was geht."

E. M. Bounds sagte: „ In der Bibel gibt es weder Ermutigung noch Raum für schwaches Verlangen, lustlose Anstrengungen oder faule Einstellungen; alles muß tatkräftig, dringlich und leidenschaftlich sein. Entzündetes Verlangen und unvorsichtige Beharrlichkeit erfreuen den Himmel. Gott sähe es gerne, wenn die Bemühungen seiner Kinder mit mutiger Ernsthaftigkeit und anhaltender Kühnheit unternommen werden würden." Wenn du kühn bist, wird dir seine Stärke zu Hilfe kommen.

Helen Keller sagte: „Beuge niemals deinen Kopf. Halte ihn hoch. Sieh der Welt geradewegs in die Augen." Wenn du Erfolg haben willst, mußt du deine eigenen Gelegenheiten am Schopf packen, während du weitergehst. Ich stimme mit Jonathan Winters überein: „Ich konnte nicht auf den Erfolg warten – also ging ich voran ohne ihn." Lillian Hellman sagte: „Es ist das beste, vertrauensvoll zu handeln, ganz egal wie klein dein Recht sein mag, dies zu tun." Es ist immer ein holpriger, ansteigender Weg, der zu den Höhen der Größe führt.

George Adams sagte: „In diesem Leben erhalten wir nur das, dem wir nachjagen, nach dem wir streben und für das wir bereit sind, Opfer zu bringen." Konfrontiere dich nicht nur mit Gelegenheiten und Problemen, greife sie an. Beachte, was B. C. Forbes sagte: „Mittelmäßige Menschen warten darauf, daß sich ihnen eine Gelegenheit präsentiert. Starke, fähige, wachsame Menschen suchen die Gelegenheit."

KOSTBARE WAHRHEIT NR. 51

Schlüsselelemente des Erfolgs

Umgang mit den rechten Leuten

Glaube

Mut

Zielgerichtetheit

Ausdauer

Vergebung

Gott

Gewohnheiten

Vorstellungen

(gutes) Urteilsvermögen

Freundlichkeit

Lachen

Benehmen

(guter) Name

Organisiertheit

Leidenschaft

Qualität

Versöhnung

Eigeninitiative

Weichherzigkeit

Standhaftigkeit

Tugend

Anbetung

Vortrefflickeit

Ja, Herr!

Eifer

KOSTBARE WAHRHEIT NR. 52

ERWARTE ETWAS VON NICHTS.

„Glauben heißt, daß du alles (bei Gott) auf eine Karte setzt und dich im voraus auf die kommenden Segnungen freust." (nach Ramona Carol). Und ich könnte hinzufügen: Sorge dich nicht darum, daß Er die Karte fallen läßt und du alles verlierst. Glaube ist die Kraft eines erfüllten Lebens. Ich glaube, daß der Hauptgrund des Unglücklichseins in dieser Welt heute ein Mangel an Glauben ist.

Corrie Ten Boom sagte: „Glaube ist wie ein Radar, der die Realität der Dinge durch Nebel und aus der Entfernung sieht, wenn das menschliche Auge nichts erkennen kann." Glaube sieht das Unsichtbare, glaubt das Unglaubliche und empfängt das Unmögliche. Die Bibel fordert uns in 2. Korinther 5, 7 auf, im Glauben zu wandeln und nicht im Schauen.

Was also ist Glauben? John Spaulding sagte: „Dein Glaube ist das, was du glaubst, und nicht das, was du weißt." Dr. Alexis Carrel sagt: „Es ist der Glaube und nicht die Vernunft, der die Menschen handeln läßt ... Intelligenz gibt sich damit zufrieden, den Weg aufzuzeigen, geht ihn aber nie selbst." Ich stimme mit Blaise Pascal überein. „Glaube ist ein zuverlässigerer Führer als die Vernunft. Die Vernunft kann nur bis zu einer gewissen Grenze gehen, aber Glaube kennt keine Grenzen."

Glaube setzt Wunder frei. Er ist der Weg zu Gottes göttlichem Einfluß. Ich stimme Pastor Tommy Barnett zu: „Glaube heißt einfach, Gott miteinzubeziehen." Und wo treffen wir Gott? „Gott trifft uns auf der Stufe, auf der wir warten, und nicht auf der Stufe, auf der wir Ihn anzutreffen erhoffen" (Gordon Robinson). Manchmal heißt Glaube zu glauben, obwohl du das Gegenteil siehst. Das ist auch der Grund dafür, daß die Bibel in Hebräer 11, 1 sagt: „Es ist aber der Glaube eine feste Zuversicht in bezug auf das, was man erhofft, ein Überzeugtsein von Tatsachen, die nicht sichtbar sind" (*Schlachter*).

Setze Glauben ein, wenn es einfacher wäre, zu zweifeln. Glaube ist der Anker der Seele, der Ansporn zur Handlung und der Anreiz fürs Vollbringen. Dein Glaube wird dich niemals verlassen, es sei denn, du verläßt ihn. Nichts als Glauben kann dein Leben richtig leiten. Glaube verleiht uns den Mut, der Gegenwart mit Zuversicht und der Zukunft hoffnungsvoll entgegenzusehen. Es ist gewöhnlich nicht so sehr die Größe unserer Sorgen als unsere Kleingläubigkeit, die uns dazu verleitet, anzuhalten oder uns zu beklagen.

Glaube hält den Menschen aufrecht, der den Glauben aufrechterhält. Keiner kann im Zweifel leben, wenn er im Glauben gebetet hat. Glaube versetzt entweder Berge oder gräbt einen Tunnel durch sie hindurch. Augustinus sagte: „Glaube heißt, das zu glauben, was wir nicht sehen, und die Belohnung ist, das zu sehen, was wir glauben." J. F. Clarke sagte: „All die Stärke und Kraft eines Menschen kommt von seinem Glauben an unsichtbare Dinge. Derjenige, der glaubt, ist stark; derjenige, der zweifelt, schwach. Starke Überzeugungen gehen großen Taten voraus."

Glaube ist notwendig, um Erfolg zu haben. George Spaulding sagte: „Leben ohne Glauben an etwas ist ein zu enger Platz, um dort zu leben." Du wirst dich dein ganzes Leben lang beengt fühlen, wenn du nicht aus Glauben lebst. In dem Maß, in dem dein Glaube wächst, wirst du sehen, daß du es nicht länger als notwendig empfindest, Kontrolle über Dinge zu haben. Die Dinge werden gelenkt, wie Gott es will, und du wirst in der Lage sein, mit ihnen zu fließen, zu deinem Vorteil und deinem großen Glück. Colin Hightower sagte: „Glaube heißt, auf das zu bauen, von dem du weißt, daß es da ist, so daß du dich nach dem ausstrecken kannst, von dem du weißt, daß es da ist." Höre auf Franklin Roosevelt: „Die einzige Beschränkung hinsichtlich der Verwirklichung unseres Morgen wird unser Zweifel von heute sein." Laßt uns mit starkem und aktivem Glauben vorwärtsgehen.

Nachwort

Sei die Person, als die Gott dich geschaffen hat. Gib dich nicht mit weniger zufrieden. Sei dir stets bewußt: „Denn ich kenne ja die Gedanken, die ich über euch denke, spricht der Herr, Gedanken des Friedens und nicht zum Unheil, um euch Zukunft und Hoffnung zu gewähren“ (Jer. 29, 11).

Über den Autor

John Mason ist Gründer und Präsident von *Insight International.* Durch seinen Dienst ermutigt er Gläubige, von ihren Begabungen und Talenten Gebrauch zu machen, während sie Gottes Gesamtplan für ihr Leben erfüllen. Für Menschen in leitenden Positionen hat er verschiedene Handbücher verfaßt und Kassettenserien produziert. Er ist Absolvent der Oral-Roberts-Universität in Tulsa, Oklahoma. Sein Fachgebiet ist Betriebswirtschaft.

John Mason ist zudem dazu berufen, auf besondere Weise in der Kraft des Heiligen Geistes in Gemeinden, bei Konferenzen für Männer und Frauen und bei anderen christlichen Organisationen zu predigen und zu dienen.

John hatte das Glück, in einer christlichen Familie aufzuwachsen – nämlich bei seinen Eltern Chet und Lorene Mason in Fort Wayne, Indiana. Er, seine Frau Linda und ihre vier Kinder, Michelle, Greg, Mike und David, wohnen zur Zeit in Tulsa, Oklakoma.

Bibliographie

Elberfelder Bibel. Revidierte Fassung, 2. Auflage. Wuppertal: R. Brockhaus Verlag 1992.

Lutherbibel. Bibeltext in der revidierten Fassung von 1984. Stuttgart: Deutsche Bibelgesellschaft 1999.

Genfer Studienbibel. Altes Testament F. E. Schlachter Übersetzung © 1951, Neues Testament F. E. Schlachter Übersetzung Version © 2000 der Genfer Bibelgesellschaft. Holzgerlingen: Hänssler Verlag 1999.

King James Version. 9. Auflage. Michigan (USA): Zondervan Bible Publishers 1991.

Die Gute Nachricht. 2. durchgesehene Auflage. Stuttgart: Deutsche Bibelgesellschaft 1982.

Hoffnung für alle. 1. Auflage. Basel: Brunnen Verlag 2000.

Laß los, was dich zurückhält
John L. Mason
129416 131 Seiten

John Masons praxistaugliche Prinzipien, biblisch fundierte Motivationstechniken und göttliche Weisheiten werden unerfüllte Träume dorthin befördern, wo sie hingehören – aus deinem Leben hinaus!
Laß dich zum Nachdenken anregen …

- Ungeduld führt zu „Mit-dem-Kopf-durch-die-Wand"-Schmerzen.
- Beiß mehr ab, als du kauen kannst!
- Gebrauche deine Kreativität und Vorstellungskraft, um jegliche Tradition unablässig zu konfrontieren!
- Steh dir nicht selbst im Weg!
- Wenn du jemanden nachahmst, kannst du bestenfalls die Nummer 2 werden!
- Wege ohne Hindernisse führen nirgendwo hin!

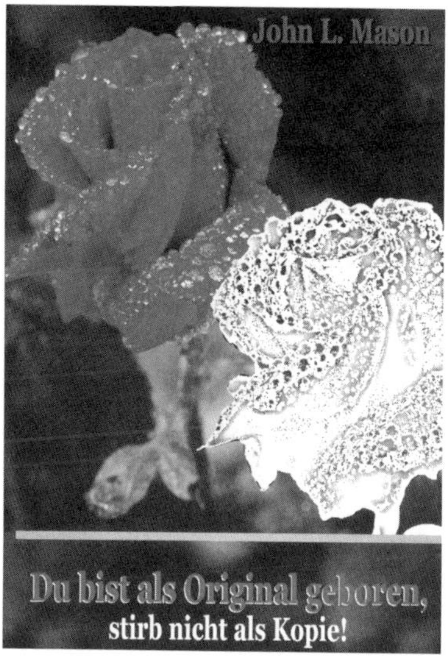

Du bist als Original geboren, stirb nicht als Kopie!
John Mason
129412 128 Seiten

Dieses Buch ist dazu gedacht, Durchschnittlichkeit und unerfüllte Träume endgültig aus deinem Leben hinauszubefördern. Der Schreibstil des Bestsellerautors J. Mason ähnelt dem Buch der Sprüche aus der Bibel. Durch kurze Aussprüche regt er zum Denken an, fordert heraus und ermutigt. So beinhaltet dieses Buch in 52 Kapiteln Wahrheiten, die Hindernisse einreißen, damit du Vortrefflichkeit erreichst und in die ganze Fülle eintreten kannst, zu der Gott dich geschaffen hat. Gott hat dich für eine spezifische, einzigartige Aufgabe erwählt. Er will nicht, daß du eine andere Person nachahmst, sondern genau das Original wirst, zu dem Er dich berufen hat.

Erkenne deine Berufung
Wie du in die göttliche Bestimmung für dein Leben hineintrittst
Mike Murdock
129430 195 Seiten

Dies ist kein Gabentest! Das Problem mit den Gabentests war, daß sich Christen mit ihren angeblichen Gaben und Berufungen stolz brüsteten, obwohl sie in ihrem Leben nicht sichtbar wurden. Im Gegensatz dazu bringt dich dieses Buch dazu, dich selbst zu analysieren. Alles, was du entdeckst, wird dir Eigenverantwortung abverlangen. Jede Berufung und Aufgabe, zu der Gott dich bestimmt, bringt Arbeit, Verantwortung und Verpflichtungen mit sich. Wenn du dies wirklich erkennst, bist du so beschäftigt, daß das letzte, was dich interessiert, ist, mit deiner Berufung anzugeben. Wer wirklich weiterkommen will, wird dieses Buch nicht nur einmal lesen.

Schönheit statt Asche
Empfange Heilung für deine Emotionen
Joyce Meyer
129427 **170 Seiten**

Es gibt unzählige Bücher über körperliche Heilung und jetzt auch endlich ein empfehlenswertes Buch über emotionale Heilung. Nicht auf der Basis von Psychologie, Meinungen oder Gefühlen, sondern auf dem unerschütterlichen Fundament des Wortes Gottes gegründet. Es ist keine theoretische Abhandlung, denn Joyce Meyer war selbst Opfer von körperlichem und sexuellem Mißbrauch als Kind. Sie beschreibt die wichtigsten Wahrheiten, die Heilung in ihr Leben brachten. Sie können auch dich freisetzen.

Laß dich nicht einschüchtern
Überwinde Angst und setze die Gaben Gottes in deinem Leben frei
John Bevere
129429 209 Seiten

- Fällt es dir schwer, nein zu sagen?
- Hast du Angst vor Auseinandersetzungen?
- Schließt du Kompromisse, um Konflikte zu vermeiden?
- Triffst du Entscheidungen danach, ob du anderen dadurch gefällst?

Falls du auch nur auf eine dieser Fragen mit ja geantwortet hast, dann ist dies ein Buch für dich. Es zeigt auf, was Einschüchterung ist, bricht deren Umklammerung und zeigt dir, wie du Gottes Gaben freisetzt. Es ist höchste Zeit, aus der Falle der Einschüchterung herauszukommen und deren Auswirkungen (Depression, Hoffnungslosigkeit und Verwirrung) zu überwinden. Laß es nicht länger zu, daß Angst dich zurückhält.

Der Köder des Feindes
Deine Reaktion bestimmt deine Zukunft
John Bevere
129415 235 Seiten

- Mußt du immer deine Version der Geschichte erzählen?
- Bist du leicht mißtrauisch und neigst zu Unterstellungen?
- Drehen sich deine Gedanken ständig um deine alten Verletzungen?
- Hast du resigniert, weil dir jemand etwas angetan hat?

Dieses Buch deckt eine der heimtückischsten Fallen auf, mit deren Hilfe Satan versucht, dich von Gottes Willen abzubringen – Ärgernisse und Kränkungen.

Handbuch zum Selbststudium zu *Der Köder des Feindes*
John Bevere
129432 118 Seiten

Die Furcht des Herrn
Entdecke, wie du ein enger Freund Gottes werden kannst
John Bevere
129414 198 Seiten

Mehr als je zuvor fehlt uns heutzutage in unserem Gebet, in den Gemeinden und im persönlichen Leben etwas Wesentliches – etwas, das Intimität mit Gott aufbaut, das unser Leben real und rein und uns wahrhaft zu Kindern Gottes macht, die vom Heiligen Geist geleitet sind. Dieses „Etwas" ist die Furcht des Herrn! Der Autor zeigt, wie wichtig es für uns ist, Gott zu fürchten. In seiner liebevollen und doch sehr konfrontierenden Art fordert John Bevere uns heraus, Gott täglich die Ihm gebührende Ehrfurcht in unserem Leben und unserer Anbetung zu erweisen. Dieses Buch wird dein Leben und deine Beziehung zu Gott revolutionieren!

Porträts mutiger Männer
Edwin Louis Cole
129420 217 Seiten

Das neueste Buch des Autors von *Total Mann sein* und *Man(n) ist Mann* enthält ermutigende Lebensgeschichten von demütigen Männern, die trotz einer Vielzahl von Schwierigkeiten standhaft blieben. Durch diese Vorbilder kannst du herausfinden:

- wie du dich der Realität stellen, Nöte zugeben, Veränderung vorantreiben und an deinen Überzeugungen festhalten kannst.
- welche Geheimnisse zu Erfolg, Achtung und Zufriedenheit führen.

Gott garantiert Schuldenfreiheit
John Avanzini
129423 100 Seiten

Wenn du dadurch schuldenfrei werden würdest, daß du jeden Monat treu und brav deine Raten bezahlst, warum bist du dann deine Schulden nicht schon längst los geworden?

Tatsache ist, daß über 95 Prozent der Menschen, die verschuldet sind, regelmäßig ihre monatlichen Ratenzahlungen leisten. Trotzdem werden die meisten von ihnen noch verschuldet sein, wenn sie in den Ruhestand gehen. Laß es nicht so weit kommen, daß es dir genauso ergeht!

Weitere Bücher des Adullam Verlags

Gottes Generäle von Roberts Liardon
Außer Kontrolle und begeistert darüber von Lisa Bevere
Die Schule des Geistes von Roberts Liardon
Erkenne deine Grenzen, dann ignoriere sie von John L. Mason
Mehr als genug von John Avanzini
Wenn Luzifer und Isebel deine Gemeinde besuchen von Dick Bernal
Der Ruf des Geistes von Roberts Liardon
Spricht so der Herr? von John Bevere
Richtig mit Gefühlen umgehen von Joyce Meyer
Ich und meine große Klappe von Joyce Meyer
Kommunikation, Sex und Geld von Edwin Louis Cole
Wertvoller als Geld von John Avanzini
Dem Feind den Zugang verwehren von John Bevere
Die wahre Größe einer Frau von Lisa Bevere
Auf der Suche nach Erweckung von Ron McIntosh
Die göttliche Invasionsmacht von Roberts Liardon
Spukhäuser, Geister und Dämonen von Roberts Liardon
Halte fest an Gottes Wort! von Roberts Liardon
Vergiß nicht, was Er dir Gutes getan hat! von Roberts Liardon
Schluß mit dem Versteckspiel von Richard Perinchief
Der Preis für geistliche Kraft von Roberts Liardon
Religiöse Politik – Menschen- oder gottgefällig? von Roberts Liardon